［著］
住田浩史
髙嶌英弘
坂東俊矢

消費者は弱くてもろい、だからこそ強くなれる

守られる存在から、
立ち上がる消費者に
なるためのヒント

現代人文社

この本は「語りによる消費者法」の書籍です。

　消費者をターゲットとした問題商法の被害がなくなりません。全国の消費生活センターに寄せられる消費者からの相談は、毎年、ほぼ90万件に達しています。悪質な取引被害にあっても、その被害者のすべてが消費生活センターに相談するわけではありません。消費生活センターに相談する被害者は、その５％程度だという統計もあります。だとすると、わが国では年間で1,800万件の消費者被害が生じていることになります。

　社会の変化に対応して、消費者被害のあり様も変わってきています。誰もが当たり前にインターネットを取引の手段として、しかもスマホを使って利用する時代になりました。消費者相談でもっともその件数が多いのが、ネット通販に関するものになっています。勧誘の手段も、SNSをきっかけとするものが増加し続けています。取引の相手と顔を会わせなくても、消費者被害が生じます。たまたま、今まで被害にあわなかったあなたはラッキーだったのかもしれないのです。

　もちろん、こうした事態に対応して、消費者をめぐる法律（以下、消費者法と書きます）も進化し続けてはいます。もっとも、法による対応はどうしても後追いになります。また、にもかかわらず、法律の言葉や表現方法は消費者法にあっても専門的で、日常の感覚ではその内容を理解することが決して容易だとは言えません。大切なことは、消費者法の意味するところを知って、それを日常生活での取引などの場面で少しだけ判断の考慮要素とすることだと思います。本書は、そうした観点から、消費者法として重要ないくつかの法律の考え方をできるだけわかりやすく解説することとしました。また、今、問題となっている消費者取引に関する被害を事例として取り上げ、それについて、消費者法を専門とする研究者、法律実務家（弁護士）の3人で、その問題点や解決方法について率直に語り合うこととしました。

消費者法を語った著者の３人は、いずれも大学で消費者法や民法を講義し、（特定）適格消費者団体に関わりを持つなど、消費者被害の救済に向かい合っている法律家です。でも、住田さんは弁護士が本業ですし、髙嶌さんは実務を知る研究者です。私は、大学の教師が本業ですが、弁護士としての仕事もしています。その意味で、３人の立ち位置は少しだけ違います。それが、消費者被害の救済や法の適用について、少しだけ異なる見方や考え方につながっています。でも、間違いないことは、消費者被害の予防と救済に、法律が役割を果たすべきだという共通の認識を持っていることです。そして、被害にあった消費者が、消費者法を活用してほしいと思っています。この本では消費者被害に関する事実、つまりは消費者被害の「今」が、語りの出発点になっています。

　きっと、この本を読んでくださる皆さんは、知らず知らずのうちに、消費者被害の実際とそれに対する対処とを学んでいただけると思います。でも、消費者取引では、ネット通販などその方法が多様化していて、代金決済もキャッシュレス決済が使われるなど、少し前までは考えられなかった変化が起こっています。今までの問題商法への対処が、そのまま、新しい消費者被害の救済になるかは不透明です。でも、その不透明さを超えるためにこそ、消費者被害を他人事とせずに、なぜだまされるのか、なぜ被害が生じるのかを考えてみてほしいと思います。この本には、それを考えるためのヒントが散りばめられています。

　この本を作り上げるについて、現代人文社の齋藤拓哉さんには大変なご苦労をかけました。彼の献身的な貢献なしには、この本はできませんでした。記して感謝します。

2024年９月23日

京都産業大学教授・弁護士　坂東俊矢

CONTENTS

> **凡例**
> ・[→●頁]とは、「本書の●頁以下を参照」を意味する。
> ・初出の年については、原則として西暦で表記した。
> ・本文内にて著者が補足が必要と考えた用語については、破線で囲い解説を加えた。
> ・「特定デジタルプラットフォームの透明性及び公正性の向上に関する法律」は「DPF取引透明化法」、「取引デジタルプラットフォームを利用する消費者の利益の保護に関する法律」は「取引DPF消費者保護法」、「デジタルプラットフォーム」は「ＤＰＦ」と略した。

1

消費者法の今

──私たちを取り巻く消費者被害

消費者法の世界にようこそ。消費者法は、絶えることなく、実務、研究そして立法の相互の往復運動が起こっているダイナミックな法律である。Part1では、消費者問題の現場に携わる弁護士、消費者団体、そして研究者の立場から、取引、表示、安全の各分野について議論し、今、消費者問題にどのような変化が起こっているのかを見ていくこととしよう。

1 社会の変化を反映する消費者被害

（1）「取引」の分野

住田　まず、読者のみなさんに、消費者法のイメージをもってもらうために、実務家、研究者、あるいは消費者団体の立場から、消費者被害について具体的な例を挙げながら話をはじめていきましょう。

高嶌　話をする前提として、住田さんが今どんな事件を携わっておられるのかを紹介していただけませんか。

住田　消費者問題の分野は、取引と安全と表示、この３つの分野にわかれると言われています。圧倒的に多いのが、取引の分野ですね。今、私が数として多くやっているのは、お金儲けしませんかと言われて被害を受けた人の事件が多くあります。

　たとえば、証券会社を相手とする**証拠金取引**事件、株価指数の上昇または下落に賭ける商品です。これは、かつてよくあった**先物取引**事件によく似た事件ですね。あとは、海外不動産投資をめぐる事件。海外不動産投資というのは、金融商品取引法の適用もないし、そのほか投資を規制する法律がない分野になります。ですので、中身がブラックボックス、何が行われているかわからない、そういったケースもあります。そして、**暗号資産**をめぐる投資詐欺事件。暗号資産に投資すると儲かりますよと言って勧誘する事件です。投資商品、投資詐欺に関与した会計事務所の責任を追及する事件もやっています。これは、デジタルプラットフォーム（以下、「DPF」）の責任、つまり、直接的に、儲かりますよと言った者ではなく、その枠組みに関与した者の責任を追及する訴訟です。そのほか、金融機関が車のオートローン、つまり車

を買うお金を貸します、と言ってお金を貸したケースで、結局、自動車が引き渡されなかったので、融資の返済を拒絶するといった事件などがあります。**レンダー・ライアビリティ**を問う事件ですね。

　まずは、「取引」の分野ではこういったケースが多いかなと。当然ですが、お金をめぐる問題が多いですね。

> **証拠金取引**　一定の証拠金を預け、それよりも大きい額（想定元本額）の資産の取引を行ったのと同じ損益を実現することができる取引。相対（OTC）取引と取引所取引がある。証拠金と取引額の差をレバレッジ（てこ）といい、たとえばレバレッジ10倍の取引なら、預けた証拠金の10倍の額の資産の取引を行ったのと同じ損益が実現する。証拠金取引は、一般に、うまくいけば大きな利益を得られる可能性もあるものの、証拠金の額に限定されない損失を被るおそれのあるハイリスク取引である。

> **先物取引**　証拠金取引の一種で、実際に資産を売り買いせず、反対売買による差金決済（CFD）ができるのが特徴である。我が国では、対象とする原資産の種類によって、商品先物取引法に基づく商品先物取引と、金融商品取引法に基づく金融先物取引・証券先物取引が混在している。

> **暗号資産**　かつては仮想通貨とも呼ばれていたが、2017年の資金決済法改正で「暗号資産」として定義がされた。暗号資産は、同法２条14項によれば、①物品やサービスの対価として、不特定の者を相手方として購入および売却を行うことができる財産的価値であり、②電子マネーやプリペイドカード（法定通貨の代替物）ではなく、③電子情報処理組織を用いて移転することができるものをさす。暗号資産は金融庁に登録された暗号資産交換業者から入手し、また換金することができるものの、法定通貨やその代替物ではないため、資産価格は大きく変動し、かつ、その変動要因も一般に予想が困難である。また、資金洗浄や資産隠し、詐欺などに用いられることも多い。

高嶌　まず、住田さんに、次の2点を教えていただければと思います。第1に、近時、消費者被害の総数がどのように推移しているのかという点です。第2に、ネット取引や特殊詐欺などの最近の消費者被害は、弁護士の実務から見るとどのような特徴を持っているのか、です。

住田　まず、数についてですね。私が取り扱っている数で言いますと、そんなに増減はないとは思うのですけれども、質的に二極化しているという感覚は持っています。

高嶌　それはどういう感覚なのでしょうか。

住田　消費者被害として、かつて取り扱っていたものは、たとえば、悪質リフォームの事件であるとか、あるいは欠陥住宅の事件、先物取引被害の事件などですね。一応、相手がきちんと存在していて、その相手が、そもそもどこにいるかわからないということもありませんでした。つまり、今後もその商売をし続ける気がある業者による被害が多く、被害回復もある程度はできました。

　しかし、今は、一方では、相手がちゃんと存在していて、たとえば、それは証券会社であったり、金融機関であったりするのですけども、解決が難しい事件が増えています。他方で、やっていることは詐欺であったり、あるいはそれに近い悪いことをしているんだけれども、相手がそもそも誰かわからないとか、相手がどこにいるかわからない、あるいは相手がわかっていてもお金を回収することができない。こういう被害類型が増えています。どちらの類型も手強いわけですが、この2つの類型に二極化しているイメージがありますね。

高嶌 40年ほども前の話ですが、消費者問題が社会的に大きく注目された事件として、**豊田商事事件**や**原野商法事件**などがあります。最近ですと、オレオレ詐欺のような**特殊詐欺**事件もそうですが、明らかな犯罪事件が消費者問題として脚光を浴びた時期があります。オレオレ詐欺に限らず、多くの人を対象にして行われる特殊詐欺は現在でも続いていますし、高齢者を中心としてかなりの社会問題になっています。このような完全な犯罪行為については割と社会問題化しやすいのですが、これ以外に、目に見えにくい消費者被害がかなり生じていると思われます。消費者が楽天やAmazonなどを使ってネット取引を行う場合、消費者の法的権利を侵害するような条件をつけている業者は少なくありません。たとえば、商品に何らかの問題があったとしても、商品を受け取ってから10日以内に連絡しなかったらその後は一切クレームを受けつけません、などの対応がこれにあたります。少なくない業者が、堂々とそういうことを言ってきますので、消費者が泣き寝入りしている事例はかなり存在すると思われます。多くの場合、消費者の被害は少額な場合が多いことから、消費者としても泣き寝入りせざるをえない状況にあります。そのような、いわば見えにくい消費者被害というのは、実務の観点から見てどのようにお考えでしょうか。

豊田商事事件 1980年代に多くの被害者を出した金地金取引まがい商法の一種。金を販売するが顧客には現物を渡さず「純金ファミリー契約証券」という証書のみを渡し、これを保管して運用すると称して高額な配当を約束した。しかし、実際には現物を保管しておらず、破綻した。

この事件を受けて預託法が制定されたものの、規制対象が特定の商品に限られていたことから、その後も安愚楽牧場事件、ジャパンライフ事件、ケフィアグループ事件などが続発した。そのため、2021年、すべての商品について「販売を伴う預託等取引を原則として禁止する」改正預託法が成立した。

住田 おっしゃるとおりですね。たとえば、さきほどお話した先物取引業者や欠陥住宅、悪質リフォームであれば、弁護士が受任して裁判をするということも十分可能でした。なぜなら、被害回復できることがそれなりにあるし、また、被害額もそれなりになるからですね。ところが、今おっしゃったような少額な事案では、弁護士が受任して「ぜひ裁判をやりましょう」とおすすめできる事件ではないものが増えている。一言で言うと、そういうことになるかもしれません。ともかく、消費者被害が、個々の弁護士が「裁判してやっつけよう」という単純なものではなくなりつつあるという実感を、いまや多くの弁護士が持っているのではないでしょうか。

髙嶌 社会の変化を反映して、新たな消費者被害がどんどん出てきています。最近の例では、脱毛や痩身などの美容医療に関連する消費者被害が大幅

に増加していますし、特殊詐欺も、当初のオレオレ詐欺からどんどん変化し、巧妙になっています。また、先ほど見えにくい消費者被害のお話をしましたが、その典型例のひとつが、ステルスマーケティング（広告であることを隠して行う広告）に表れているような、不当な勧誘によって消費者がいつの間にか意に沿わない契約を締結してしまう場合です。楽天やAmazonなどのように、販売業者に消費者と取引する場所を提供している業者（DPF運営者）のモールであっても、不当な表示が多数用いられているのが現状です。DPF運営者の責任については、何か対応されているのでしょうか。

坂東 DPF事業者に関する消費者法だとすると、2021年4月に成立した取引DPF消費者保護法（「取引デジタルプラットフォームを利用する消費者の利益の保護に関する法律）ですね。たとえば、取引DPF事業者は、その中に店舗を構える販売業者の所在の確認ができるような情報を取得することが**努力義務**ではありますが、法律上定められました。消費者がその取引DPF事業者の中の販売業者に対して1万円以上の債権の行使をすることを前提に、つまりは消費者が損害賠償などの請求をする場合に、取引DPF事業者に対して、その販売業者の所在情報の提供を求めることができることになりました（同法5条1項）。要は、相手の所在がわからなければ法律的な対処ができません。ですので、ネットの中の相手を捕まえることができるような仕組みを整備する努力をしましょうという法律がやっとできたのです。この法律は、消費者庁が初めて国会に提出した法律です。施行されたのは、2022年5月1日です。法が施行されて2年と少しが経過したわけですが、取引DPF事業者による販売業者の把握がどの程度、行われているのかは、まだ必ずしもはっきりしていません。

> **努力義務** 法律の条文で「～するよう努めなければならない」などと規定されている法的な義務のことをいう。一般的には、この義務に反したとしても、刑罰や損害賠償などにつながる法的効果は生じないとされている。

高蓄　消費者紛争は、本当に社会全体の変化を敏感に反映しています。デジタル化の進展、少子高齢化、経済不況など、社会をめぐる状況はどんどん変化しています。ところが、行政も法令もこの変化に全然ついていけていない。そういう中で、多くの弁護士の皆さんが、現在のさまざまな法令や制度を使って、被害救済に正面から対応されているのは非常に意味のある活動だと思います。

　次に、弁護士と並んで、消費者紛争の最前線で活躍されている「**消費生活相談員**」の活動を見てみましょう。先に述べたように、消費者に何らかの被害が生じた場合、消費者は個人で事業者に被害の救済を求めたり、あるいは弁護士を通して業者に救済を求めたりすることがトラブル解決方法でした。業者がこのような交渉に応じない場合、最終的には訴訟になります。しかし実際には、消費者にとって、弁護士事務所にお願いするのは敷居が高いし、被害が少額の場合には経済的に引き合いません。そこで、消費者にとって利用しやすい「駆け込み寺」として、全国の都道府県や市町村のすべてに、**消費生活センター**という消費者相談窓口が設けられています。トラブルにあった消費者が、ここに電話をしたり、訪問したりすると、消費生活相談員という国家資格を持った相談員さんがおられて、その相談員さんに無償で法律上のアドバイスや業者への対応をしてもらうことができる。この制度がかなり機能しています。坂東さん、いかがでしょうか。

消費生活相談員　各地の消費生活センターで消費者からの相談に対する助言や解決の支援、苦情の斡旋などによる解決を行う者で、国民生活センターが実施する消費生活相談員資格試験に合格した専門的資格を有する者のことをいう。国家資格である。地方自治体が設置する消費生活センターには必ず消費生活相談員を置くことが消費者安全法で定められている。消費者の支援を行うその他の資格として、日本産業協会によって付与される消費生活アドバイザー、日本消費者協会によって付与される消費生活コンサルタントがある。

> **消費生活センター**　消費生活センターとは、全国の地方自治体が消費者安全法に基づいて設置している消費者からの相談や苦情を取り扱うとともに、消費生活に関する情報提供などを行う行政機関。全国のすべての都道府県、市町村に開設され、その数は856機関（2022年4月1日段階）になっている。消費生活センターと称するためには、週に4日以上消費者相談を受けつけていること、消費生活相談員が勤務していること、相談のための電子情報処理組織（PIO-Net）などの設備を有していること、が必要とされている。

坂東　各地の消費生活センターで無料で消費者問題の相談にあたっておられる、消費生活専門相談員の皆さんが頑張っています。ただ、相談員の皆さんは、何か法律上の権限を持って、消費者からの苦情や相談の紛争の斡旋や問題解決をしているわけではありません。それぞれの経験とご苦労の中から、法律を駆使して、さまざまな紛争解決に努力をされています。「これは問題だから解決したいな」と思われても、法律やさまざまな制度や当事者の属性などとの関係で解決ができない場合もあるだろうと思います。そうした課題も感じながら、でも解決に向けて努力されているのだと思います。

高嶌　消費生活センターに持ち込まれたいろいろなトラブルは、最終的には**国民生活センター**という法人に集約されます。そして、国民生活センターは、「現在こんな事例が問題になっていますからこのような点に気をつけましょう」という形で消費者に広報を行っています。このように、現在の日本の消費者行政を考えるうえで、地方自治体単位の消費生活センターと国民生活センターの存在は、なくてはならない機能を果たしています。もちろん消費者庁というお役所もありますが、消費者庁よりも現場の最前線に立って機能しているのは、この消費生活センターと国民生活センターだと思います。

　もちろん、それでもやはりこれらの制度から抜け落ちてしまう被害もあります。そこで、消費者の利益を守るために新たに設けられたのが、**適格消費者団体**という消費者保護団体です。まず、適格消費者団体って何っていうことですけれども、消費者一般の利益を守る、そういう適格を持ってますよと

内閣総理大臣に認定してもらった法人を、適格消費者団体と呼びます。2024年の9月現在、26の団体が適格消費者団体として認定されています。適格消費者団体はどのようなことができるかですが、まず、事業者が一定の法令に違反する行為を行っている場合、たとえば違法な勧誘行為を行っていたり、違法な契約条項を利用していたりした場合には、その行為をやめろという請求ができます。これを差止請求といいます。違法な行為を行っている事業者に対して訴訟を提起して、この差止請求を行えるということになります。多くの適格消費者団体は、このような権限を背景にして、事業者に対し、多くのケースで改善の申入れをしているのですが、そのうち、業者が改善の申入れに応じなかったものが訴訟になります。

国民生活センター　国民生活センター法による独立行政法人で、わが国の消費生活に関する総合的な情報を取り扱う機関。1970年設立。消費生活に関する情報の収集と提供ならびに調査研究、消費者紛争の裁判外紛争解決手段（ADR）を使った解決、消費者庁などに対して消費者政策の立案に向けた情報の提供などを行う。所轄官庁は消費者庁。東京都港区高輪に東京事務所、神奈川県相模原市に相模原事務所がある。

適格消費者団体　事業者による消費者契約法、特定商取引法、景品表示法及び食品表示法に反する勧誘や契約条項、表示などの行為を差し止める訴訟をすべての消費者の利益のために提起することができる権限をもつ消費者団体で、その資格があるとの認定を内閣総理大臣から受けた団体のことをいう（消費者契約法2条4項）。現在（2024年9月1日）、全国で26団体が活動している。

坂東　そうですね。私の所属する適格消費者団体である消費者支援機構関西（KC's）［→227頁］でも、最近、USJを相手として、どんな場合にもチケット代金の返金をしないとの契約内容は不当だとして、「WEBチケットストア利用規約」の契約条項の差止訴訟を提起しています。

髙嶌 その差止訴訟が、2024（令和6）年4月1日現在で90の事業者に対して提起されています[1]。差止請求制度の良いところは、被害が生じる前に、あるいは被害が拡大する前に、あらかじめ業者の違法行為を差し止めて、被害を防止することができる点にあります。言い換えますと、被害の事後的な救済ではなくて、予防ができる点に大きい意味があるといえます。これが適格消費者団体の差止請求の特徴です。

もう少し具体的に言いますと、消費者と事業者との間で締結される契約には、「消費者契約法」という法律が適用されます。この法律は、消費者と事業者の間で締結される契約を対象にして、事業者の不当な勧誘行為や不当な契約条項を禁止する条文を置いています。事業者がこれらの条文に違反した場合には、具体的な被害が生じていなくても、適格消費者団体はそのような行為をやめろと言うことができます。典型的な事例として、私の所属している適格消費者団体である京都消費者契約ネットワーク（KCCN）［→227頁］が扱ったクロレラ事件があります。「クロレラを飲んだらガンが治る」というビラが配られていました。これは客観的に見ると、医療関係の法令に違反しているのですが、それがあまり目立たない形で脱法的に違法な勧誘が行われていました。この事業者に対して訴訟を提起して、そういうビラを配るなという勝訴判決をもらいました。消費者契約法以外の法令違反についても差止めができる範囲が広がってきており、現在ではかなり多くの差止めが認められています。

坂東 たとえば、今までは賃貸借契約の賃料保証会社の契約には、家賃の3カ月分に相当する金額以上の支払を借家人が怠ったときには、家賃保証会社が催告をしないで、賃貸借契約を解除できるとの規定がありました。家賃の滞納があれば、民法では相当期間の催告をする必要があります。滞納家賃などを支払う機会を与えることが居住という利益を護るために必要なのです

---

1 消費者庁消費者制度課「消費者団体訴訟制度と適格消費者団体への支援」（2024年）〈https://www.cao.go.jp/consumer/iinkai/2024/441/doc/20240725_shiryou1-1.pdf（2024年10月3日最終閲覧）〉。

が、それを無視した条項です。それに、保証人の地位にある家賃保証会社が、賃貸人である大家さんに代わって賃貸借契約を解除できるのも変な話です。最高裁判所は、適格消費者団体の主張を認めて、この条項は消費者の利益を害するものであるとして、その使用差止めを認めました（最高裁令和4年12月12日判決 民集76巻7号1696頁）。その後、賃貸借契約の保証契約からこうした条項は削除され、使われていません。

高嶌 このように、差止請求が適格消費者団体の重要な機能なのですが、もうひとつ、重要な機能があります。少額の被害がたくさんの消費者に生じるという場合、弁護士や消費生活センターでは十分対応できません。先ほど述べたように、やっぱり消費者が個人として裁判までする場合、弁護士の報酬も含めると、勝訴した場合に100万円から150万円くらいお金が得られなければ、結局は割に合いません。消費者が5万円、10万円くらい事業者に払い込んだが商品を送ってこなかった、こういう場合に消費者が訴訟できるかというと、事実上できません。こういう形で少額の損害が消費者に生じる場合、今までは消費者が泣き寝入りせざるをえなかったわけです。

　そこで、適格消費者団体のうち、さらに一定の要件を満たした消費者団体を、「特定適格消費者団体」[→083頁]と呼んで少額の被害が多数の消費者に生じている場合に、消費者に代わって賠償請求を行い、もし勝ったらそれを被害者である消費者に分配するという役割を与えています。そもそもこういう堅苦しい名前が本当はダメで、もっと消費者にわかりやすい名前にすべきだと思いますが……。要するに、特定適格消費者団体という団体が消費者に代わって被害の救済にもあたれる、ということです。今まで個人では難しかった少額紛争についても、そのような方法が制度としては可能になっているということです。最近の例ですと、大学入試で非常に不適切な合格判定がなされたという事件がありました。一律に、女子の受験生ついては点数を下げたり、浪人している人には点数を下げたりするという操作がされていたわけです。そうすると、受験生としては不公正な受験がされたことによって支払った受験料が無駄になったといえます。そこで、受験者の受験料を損害とし

て、特定適格消費者団体が受験者に代わって賠償を請求する訴訟を提起しました。この訴訟は特定適格消費者団体が勝訴して、実際の救済に繋がっています。訴訟の数はまだそれほど多くはないのですが、制度としてもこのように進化してきています。住田さん、何か補足すべき事項はありますか。

住田 適格消費者団体が行う差止訴訟の意義は、まさにそこにあると思います。少額多数の被害では、個別の裁判では非常に困難なことが多くて、泣き寝入りする被害者が多いというのが現状です。私たち弁護士も、こういったケースに伝統的には「弁護団」を組んで相談体制を整えて対応しています。

　たとえば、私たちが今やっているのが、トイレがつまって業者を家に呼んだらものすごく高い請求をされた事件です。似たようなケースでは、道路上で事故したときに呼ぶレッカー業者でも同じように高額な請求をしてくる業者がいたり、鍵開け、害虫駆除とか蜂の巣除去についても同じような業者がいます。私たちは、このように突然のトラブルに困った消費者の弱みにつけこんでお金をとろうとする商法を「レスキュー商法」と呼んでいます。こういったレスキュー商法も、やはりひとつひとつの事件で争いになる額が数万円から数十万円と非常に小さいのですが、それでも見捨てるわけにはいきませんので弁護団事件として取り組んでいます。ただ、おっしゃるとおり、こういった件に関しては、第一には、各地の消費生活センター、そして、適格消費者団体の手続に乗せてしまうのがとてもいい手法だと思っています。どちらかがやるということではなく、個別の事件を適格消費者団体と両輪でやるということが多いので、少額多数の被害といえども、弁護士が個別の消費者被害に取り組むことがなくなることはないと思っています。

高嶌 弁護団事件という言葉が出てきましたが、これは、共通の被害をこうむった消費者がまとまって弁護士に依頼するという形の事件です。先に述べた特定適格消費者団体の制度がない場合には、このような形を取るしかなかったのですけれども、やはり自分が直接被害者として訴訟するというのが原則ですから、今後もこの２つのやり方で被害が救済されていくのだろうと思います。

また、さっき言うのを失念していましたが、適格消費者団体はどんな事例を訴訟で解決してきたのかを紹介しておきます。長期間の不動産賃貸借契約においては、更新料が請求される場合があります。その際、非常に高額な更新料が定められている事例が多かったので、この更新料条項は消費者契約法に違反しているという訴訟がいくつか提起されています。また、結婚式場の利用契約については、かなり前から式場を予約する事例が多いのですが、途中でキャンセルして実際には式場を使わなかったという場合に、事業者に支払う違約金や損害賠償の額をどのように考えるかが問題にされました。特にそれが高額で一部しか返金返しませんという条項は無効であるとする類型も扱われています。最近のオンライン取引の事例ですと、「お試し商法」といって初回は500円、90%オフと広告しておいて、実際に契約してみたらたしかに初回は500円なんだけれど、いつの間にか10回継続して買う契約になっており、総額として見ればまったく値引きされたとはいえないというケースもあります。そういうふうに消費者の不注意につけ込む契約、こういうのも適格消費者団体の訴訟対象になっています。先ほど見たように、今までなら消費者が泣き寝入りせざるをえないような契約類型についても広く適格消費者団体が消費者に代わって被害の防止に当たっています。

（2）「表示」の分野

【住田】　さて、「取引」の分野の最近のトレンドについて、弁護士、そして消費者団体の双方の観点から問題になっている点を紹介しました。次は、今や、取引との境目があまりなくなっているかもしれませんが「表示」の分野です。表示が問題となる事件はたくさんあるわけですが、「表示」の分野に特化した事件や被害に取り組んでいるということはあまりないですね。むしろ、企業の依頼者から「こういう通販サイトをやろうと思っているんだけども、このような表示でよいですか」という相談を受けることが多いような状況です。適格消費者団体の方でも、景品表示法などは取扱い範囲だと思うのですけれども、この「表示」の分野での相談が多くなっているといった状況

は見られますか。

髙嶌　景品表示法という広告を対象にして規制を加える法律があります。たとえば、商品が他と比べて特に良いわけではないのに「モノが良いですよ」と広告するとか、あるいは、他と比べて特に安いわけでもないのに「お得です」と書いて広告するなどの事例が禁止されています。これらの場合には、消費者の誤認を招いて取引を成立させており、このような行為は公正な取引秩序を害するので、法律で禁止しているわけです。景品表示法違反についても、最近、適格消費者団体の差止事例の対象に含めるという法律の改正がありました。

　クロレラ事件はチラシという広告手段が対象でしたので、景品表示法違反の行為が差止めの対象に含まれていればその違反行為として訴訟を提起する方が手っ取り早かった事案でした。しかし、あのときはまだ景品表示法違反は差止めの対象に含まれていなかったのですね。今後、景品表示法違反の行為もどんどん適格消費者団体の対象になっていくと思われます。

住田　クロレラ事件では、効果・効能をうたうという問題があり、薬機法（医薬品、医療機器等の品質、有効性及び安全性の確保等に関する法律）違反にあたるのではないかという指摘もあったと思うのですけど、厚労省は、チラシについて薬機法での取締りはしなかったのでしょうか。あそこまで放置されたのはなぜなのかなと。

髙匌　実は、クロレラ研究所という団体とクロレラ販売業者は、それぞれを別の法人としていましたので、形式的には違法が隠蔽されていたのですが、われわれの適格消費者団体は、その研究会の住所とか電話番号とかをチェックしたうえで、研究所と販売業者とは実質的には一緒だということを前提として訴訟しました。そこまでやらなかったら、違法行為が公にならなかったということということです。

住田　そうですね。消費者が研究会のチラシを見て研究会に資料を請求したところ、なぜか別団体であるはずの販売会社から勧誘が来るということでしたね。形式的には主体が異なるということで、厚労省は薬機法ではなかなか

取締りができなかったのでしょうか。

高嶌 はい、厚労省では研究所と販売業社の実態調査までは踏み込みにくかったんでしょうね。また、販売業者からいろいろな資料が送られてくる。研究者の観点から少しお話ししますと、最近、元消費者委員会委員長を務めていた河上正二先生が関西に来られて講演されたのですが、先生が最後に指摘されたのは、「日本の消費者法は諸外国に比べて非常に遅れた状態になってしまった、今後は改善していかなきゃいけないんだけど大変だ」ということです。遅れているというのは、研究が遅れているのではなく、研究の成果が具体的に法令に反映されてきていないということです。

現在でも、特定商取引法や消費者契約法という法律があるのですが、研究者はそれぞれについてかなり先進的な改正や補充を常々提案しています。しかし、それが実際に立法段階になると骨抜きにされてしまう。その理由のひとつは、全体として日本の経済界が守りの姿勢に入っているという点が挙げられます。労使関係も含めて、世界全体の新しい動きについていけないというのはそういう背景があるのだろうと思います。そうすると、このような状況を今後どのように変えていけばいいのかということですが、ひとつは、市場に適正な規制を加えることが優良な事業者にとってビジネスチャンスに繋がるという認識を事業者の方にも持っていただくことが重要だと思います。法令による規制はできるだけ避けたいというのが事業者の一般的な意識だと思いますが、実は、適切な市場規制は、むしろ優良な企業者にとってはビジネスの機会を広げていく機能があります。そういう観点を事業者の皆さんでもう少し共有していただくことが、特に研究者の観点から見て重要だという気がします。

（3）「安全」の分野

住田 「取引」と「表示」のほかにもうひとつ、消費者問題には「安全」という分野があります。私が今やっている事件のイメージから言うと、たとえば、欠陥住宅ですね。家がきちんと約束通り作られていませんよという事件

があります。また、中古自動車を買ったらすぐにエンジントラブルが生じたという事件ですね。買った物が、通常満たしているべき性質を備えていないということの責任を追及する事件です。あるいは、電子レンジを使っていたら火災になってしまった。これは製造物責任といわれる分野の事件です。こういった「安全」、すなわち生命・身体・健康であったり、あるいは財産であったり、そういった大事なものを守るという観点も、消費者問題として非常に大切な分野だと思います。適格消費者団体に関しては、このような安全の分野に何か取り組んでいることはありますか。

髙嶌　「安全」については、対象にすべきは身体・生命・健康ということになると思います。まず、**消費者安全法**という法律に基づいて、行政が事故やヒヤリハット事例を収集しています。これらの情報をもとにして、事故の防止回避策が取られているということです。適格消費者団体については、従来、製品安全の分野では、訴訟という形では、目立った事例はありません。現代の製造物はかなり複雑ですので。それが消費者の安全性を害するのか、それともたまたま使い方が悪かったのかということが、適格消費者団体の立場からは判断しにくい、という状況が背景にあると思います。今までは、国民生活センターをはじめとして、製品の安全性をチェックする法人が安全性のチェックを行い、問題がある場合には安全に対するいろいろな警告を公表しています。たとえば、国民生活センターの広報で、子供が誤って飲み込むような形状の洗剤カプセルとか、喉に詰まりやすいゼリーとかを挙げて広報しています。

　他方、適格消費者団体については、訴訟を維持できるだけの技術的分析力を十分持っていない団体が多いということですね。それがよく表れているのが、医療トラブルです。有名な民法学者である河上正二先生は、患者は典型的な消費者なので、もっと消費者保護の枠組みを医療被害についても広げていくべきである、と述べておられるのですが、適格消費者団体では、財産的被害の事例だけで手がいっぱいだし、やろうと思ってもサポートしてくれるお医者さんが見当たらない、という話になります。適格消費者団体は、基本

的に法律家やNPO団体構成員、消費生活相談員の方で形成されていますので、どうしてもこのような弱みがあるわけです。

消費者安全法　消費者庁が設置された2009年に制定された法律で、製品事故や取引被害の情報を消費者庁が一元的に把握するなど、消費者の安全を守るための施策について定めた法律。当初は「重大消費者事故」に限定されていた情報の一元化を「多数消費者財産被害事態」に拡大し、消費者庁に行政処分[→153頁] 権限を付与することや高齢者被害を想定した地域での見守りネットワークに関する規定が整備されるなどの改正が行われている。

住田　医療被害が消費者被害であるという河上先生のご指摘は、すごく重要なところだと思っています。私は、介護施設での事故や医療事故も取り扱っているのですが、わが国で、たとえば、施設で何か喉に詰まらせて亡くなった事故が発生しました、施設の責任が認められました、といった判決が出ると、その判決を読まない人から、その内容だけで批判されます。「介護業界は一生懸命頑張っている、人手が足りていないのに、なぜ介護業者にそんなお金を払わせる判決を出すんだ」というムードです。しかし、実際に事件をやっている側からすると、明らかに組織の中でその人についての情報の周知が足りていない、その人の嚥下機能が落ちていて喉に詰まりやすい食事を与えてはいけないということがわかっているのにもかかわらず、それが周知できていなくて事故を発生させてしまったというケースがあるわけですね。あるいは人手が足りないということが免罪符になるというのもよくわかりません。ワンオペではダメだ、給与や待遇を上げてコストをかけ人手を増やす努力をせよという方向で考えるべきなのに「人手が足りない」ことを所与の事実としてそこから一歩も動こうとしないわけです。これは、典型的な消費者被害です。つまり、事業者がやるべきことをやっておらず、防げるはずの事故が防げなかったということが見えてくるわけですね。

　また、専門家の協力を得るのが困難という点も深刻です。医療事故の関係

であれば、たとえば患者側で、協力医の紹介、つまり訴訟で意見書を書いてほしいとか、カルテを見てコメントがほしいのでその分野の専門のお医者さんを紹介してほしい、というニーズに応える団体がいくつかあるのですが、今、確実に、協力医は減っています。お医者さんもいろいろ忙しいのかもしれませんが、公益的な見地からご協力いただける医師も非常に減っています。これは由々しき問題だなと思っています。安全の問題で、消費者サイドで工学的な鑑定書を書いてくれる人を探すのも、結構難しいですね。訴訟は明らかに専門化しているのに、専門家へのルートは減っている。これは、すごく深刻な事態だと思っています。たとえば、消費者団体に、これをバックアップして支えていただく、専門家ネットワークのハブというか軸になっていただくということも、ぜひご検討いただけたらありがたいと思っています。

髙嶌　はい、実は2023年度の医事法学会でも、医学的な根拠がないのに高額の自由診療で何百万円も患者にお金を払わせているという事例の問題点を報告しました。われわれは、これを搾取的医療と呼んでいます。このような医療サービスに対しては、もっと消費者法に基づく規制を及ぼすべきだとの内容だったのですが、その際、河上先生が会場に来られていて、消費者法との連携が必要だという話になりました。今後は、適格消費者団体がハブになって、医学関係者、あるいは看護・介護関係者と協力していくことが必要だと思われます。高度経済成長期に、公害事件への対応に際して、研究者と被害者が協力して被害救済を実現していった、このような協力体制が、医療問題でも、今後うまく組織できたらいいかなと思います。

（4）適格消費者団体から見た近年の消費者被害の実情

住田　弁護士からみた消費者被害の現状は、だいたい今お話したとおりですが、坂東さん、何か補足はありますか。とくに適格消費者団体として、最近こういった傾向があるという点などはありますか。

坂東　適格消費者団体として消費者被害の変容を如実に痛感したのが、若年

者被害ですね。実はもう数年前になりますけれども、適格消費者団体が電話で若年者の消費者被害の受付を行いました。全国一斉に110番をやったのですが、1日で全部合わせて18件しか電話がかかってこなかった。それは被害が少ないのではなくて、その受付手段を含め、必要な情報を若者にどのように伝えるのかを考える必要があったのだと思いました。やっぱり特に若年層であれば、彼らはもう固定電話なんか使いません。また、その PR についてもインターネットのホームページだけでは、若年層の人には十分届いていない。届いているとしても適格消費者団体が何かをわかってもらえていないので、本当に信頼できる団体なのかが伝わらない。消費者に関する情報提供のあり方も大きく変わってきているのだと思います。

高嶌 消費者保護の領域では、従来、高齢者が被害にあいやすいので対応が必要だという話は結構ありましたが、若年者の被害が脚光を浴びるようになったのは、比較的最近ですね。

坂東 基本的には2022年4月1日に民法の成年年齢がそれまでの20歳から18歳に引き下げられたことがきっかけになったと思います。悪質な契約被害であっても、法定代理人、つまりはほとんどの場合に親の同意がなければ、契約を取り消すことができた。それを、18歳、19歳の若者が行使できなくなることから、若者の契約に関する消費者被害が増加するのではないかと考えられたことが大きいのではないでしょうか。

高嶌 私がちょっと意外に思ったのは、最近の国民生活センターの統計で、ネット取引の被害事例数は50代が一番多かったという点です。逆に言うと、中高年の方にもネット取引がだんだん浸透しており、その結果がこういう被害として表れている。このように、状況がどんどん変化していることはよくわかりますね。

住田 高齢者の被害の典型は、ネット通販、あるいは詐欺サイトですね。PC サポート詐欺（PC にトラブルがおこったとしてお金を払わせる詐欺）も多いです。ただ、他方で、たしかに若年者の被害も増えてきていますね。

2　消費者被害の変容

（1）被害の複雑化

【住田】　では、消費者被害がどのように変容しているか、もう少し細かく見ていきたいと思います。私が弁護士になったのが2004年で、ちょうど今から20年前ですけれども、そのときと比べて変わったのが、年齢層ももちろんそうなんですけれども、やはり被害がすごく見えにくくなったということです。そもそも、複雑でよくわからない、っていうケースが多くなったなと思います。弁護士になった当時は、全部じゃないにしても7〜8割は、消費者問題に携わる弁護士であれば、ある程度ジェネラリスト的にですね、何でも解決ができたという時代だったように思います。ただし、今は、もうそんな時代ではないように思います。

　たとえば、証券会社による投資被害の相談を受ける場合は、金融商品取引法はわかっていますか、日本証券業協会のガイドラインを理解していますか、金融庁の監督指針やガイドラインとかわかっていますかと。ある程度、弁護士が基礎資料がわかっていないと、もう相談すら受けられないという状況です。

　あと、たとえば、クレジットの関係だと、**割賦販売法**（以下、割販法）、言ってみれば悪文の典型のような法律があるわけですけど、ああいった複雑な法律を頭に入れておかなければならない。暗号資産や決済がからむ事件の場合には、資金決済法を理解しておかなければならない。こういった事件が、ざらになってきたんですね。裁判所にも、「この事件にはこの法律が適用されるんですよ」ということを説明するだけでも一苦労です。

　そして、適用される法律がわかっているのはまだマシな方で、たとえば、「暗号資産は、そもそも民法上は一体何なんですか。それは権利なんですか。それともモノ、動産ですか？」と問われて「それはモノでも権利でもなく、価値です」と答えると、「価値なんて今まで民法で習ったことないんだけど……」ということがあるわけです。一体何なのかもわからないというもの

が、確固たる現実としてすでに流通して、みんなそれに対して対価を払ったり、あたりまえのように取引対象や投資対象になっていたりするわけです。このように、必要や現実が先走っていて法律が追いついていないということが、現代の消費者問題の複雑さの象徴だといえます。このあたりは、消費者団体、あるいは研究者としては、どのように考えていらっしゃいますか。

割賦販売法 物品やサービス対価支払のために購入者に対して信用を供与する手段（クレジットカードや個別クレジットなど）やこれを業とする企業やこれと提携する加盟店について規制した法律。

悪文の例でいうと、たとえば、割賦販売法２条４項は、「この法律において『個別信用購入あつせん』とは、カード等を利用することなく、特定の販売業者が行う購入者への商品若しくは指定権利の販売又は特定の役務提供事業者が行う役務の提供を受ける者への役務の提供を条件として、当該商品若しくは当該指定権利の代金又は当該役務の対価の全部又は一部に相当する金額の当該販売業者又は当該役務提供事業者への交付（当該販売業者又は当該役務提供事業者以外の者を通じた当該販売業者又は当該役務提供事業者への交付を含む。）をするとともに、当該購入者又は当該役務の提供を受ける者からあらかじめ定められた時期までに当該金額を受領すること（当該購入者又は当該役務の提供を受ける者が当該販売業者から商品若しくは指定権利を購入する契約を締結し、又は当該役務提供事業者から役務の提供を受ける契約を締結した時から二月を超えない範囲内においてあらかじめ定められた時期までに受領することを除く。）をいう。」としている。

すでにその内容を知っている者でない限り、とてもまともに読むことはできない。

髙嶌 今お話しいただいた複雑化は、まず、法令の内容自体が専門化してわかりにくくなっていますね。次に、取引形態についても、契約の締結と精算のシステムがオンラインも含めて複雑化してわかりにくいという点も挙げら

れます。さらに、取引の対象である財価が多様化してわかりにくくなっています。知的財産とか暗号資産とか営業のノウハウとか、弁護士でもわかりにくいですね。

　少し前まで、一般的な消費生活は衣食住さえ足りていればそれで良かったのですが、現在は、衣食住に加えて、さまざまな財価、さまざまなサービスが存在し、これらがわれわれの生活を豊かにするうえで当然の前提になっています。これらも全部含めての消費者問題ということになります。そうすると、どんどん社会労働が分業化し、どんどん専門化していくことは避けられません。ラーメンひとつとっても、昔ながらの醤油ラーメンが、現在では、豚骨ラーメンであったり、魚介ラーメンであったり、つけ麺であったり、分野が細分化されてどんどん進歩しているわけですから、そのぶんわれわれの生活は豊かになっています。しかし、いざトラブルが生じると、さまざまなところで複雑な問題を発生させている。衣食住だけの問題だったら、消費者が個人で対応できたのかもしれないけれども、今は全体としての消費者問題に個人では対応できなくなっています。一般論で言えば、前世紀であれば「知の巨人」という言葉がよく使われました。レオナルド・ダビンチとか平賀源内とか、どの分野にも通じている知の巨人がいたわけですが、現在ではもう出てこないでしょう。スマートフォンひとつとっても集積された知識技術を１人で理解できる人ってもういないですからね。そういう意味で、問題に対する解決も、さまざまな専門知識や専門技術が要求される。さっきお話があった適格消費者団体が他の分野と協力しないと駄目だというのは、まさにそういう状況を反映しているということです。

住田　消費者団体が、いろいろなところにそのネットワークを広げて、どんな問題でも消費者団体に相談したら大丈夫だよ、という感じになればすごくいいですね。消費者問題に携わる弁護士は、本当にもう手一杯で、この分野はなんとかできますけどちょっとほかはできませんっていう人がほとんどです。私も、そういう状態になりつつあります……。

髙嶌　そうですね。消費生活相談員さんもそう言っていらっしゃいました。

住田　相談員さんが、たとえば、決済代行会社に関して持っている知識はすごくて、私たちでは困難と思われる解決をさらりと「できましたよ」みたいな感じで言われることがありますね。それまで私がさんざん、相談員さんに「いやー、それは難しいんじゃないかな」といったことを助言していたので、立つ瀬がないということがよくあります。ただ、相談員さんの職人芸にももちろん限界はあります。

（2）悪質商法の分業化とDPF

住田　複雑化の次は、分業化です。今までは、やっつける敵がわりと明確でした。たとえば、私が弁護士になった2004年か2005年当時、埼玉県の高齢の姉妹が何千万円か被害を受けた**悪質リフォーム**事件が有名です。それがひとつの象徴的事件ですが同様の事件が多発しました。これをきっかけに特商法の改正に繋がったわけですけれども、その事件にしても、悪い人がいて、だまされる消費者がいる、という１対１の関係がすごく明確なのですね。せいぜい、そこの間にクレジット会社が登場するとか、事業者も使用者がいるとか、そういう牧歌的なイメージです。ロールプレイングゲームに例えていうと、ひとりひとりボスを倒していけばよかった。中ボスを倒して最後に大ボスを倒せばいい、そういう単純な構造だったわけです。

悪質リフォーム　「近所で工事をしている者だが、お宅の屋根瓦はどうもずれているようだ」「火災保険を使えばただで直せる」などいろいろなバリエーションもありつつ、今もなお、悪質リフォームの訪問販売被害は後をたたない。

　埼玉県富士見市の高齢姉妹が、３年間で5,000万円以上の高額かつ不必要なリフォームを訪問販売により次々と契約させられ、クレジット代金が支払えずに2005年３月に自宅が競売にかけられたという事件がよく知られているが、これと同じような事件はたくさんある。クレジット会社による適正な与信が行われていればこれらの事件はおこらなかったといえ、これらの悪質な事例をきっかけに2008年の割賦販売法の改正（販売店の加盟店管理責任を明文化し、販

売店の悪質な行為があった場合にはクレジット契約も取り消せる規定の新設) がなされた。

髙嶌 今も、このような事件は発生しているのでしょうか。

住田 今は、もうそんな事件は、ほとんど出てきません。そもそもじゃあ誰を訴えようかなというところから始まるわけですね。投資詐欺の事件ひとつをとっても、「いい投資あるんですけどやりませんか」と言って自分が運用している案件に勧誘してくるケースはほぼありません。彼らは、インフルエンサーに広告料を払って広告を出させるわけです。そして、その人に、「みなさん、こんなすごい投資を見つけましたよ」「投資のカリスマである私が絶対に損をさせませんよ」と言わせて誘引するわけです。もちろんこれは嘘で、その投資ではお金は儲かりません。こういう勧誘者と運用主体の分業は今では常套手段になっていて、運用者は、「うちはそんな勧誘していません」「その勧誘をしたのはその何とかさんではないですか、私は知りません」と言い逃れができるわけです。そして、勧誘をした人は、「いや、実は私も運用中なんだけど、運用者を信じて投資していたんですけど、だまされました。私も被害者です」と言う。そうすると、誰にも文句が言えなくなっちゃいますね。これはいまや投資詐欺の典型的なシナリオになっているのですけれども、こういったケースがほとんどです。

髙嶌 オレオレ詐欺のような特殊詐欺についても、実際の親玉はなかなかわからないですよね。

住田 そのとおりです。そして、分業の最も究極の形を取るのがDPFです。そもそも、DPFの土俵自体に消費者自身も乗せられているんですね。ロールプレイングゲームでいうと、敵を倒していたつもりが、実は、最大の敵は自分の足元にある世界だった、という前衛的なゲームです。ゲームではなく、誰と戦えばいいのかわからない、誰にも責任が追及できない、というケースが、実際に、そこかしこで起きつつあるんですよね。そこでは、消費者被害という概念すらもない。「そこで取引している以上は、誰にも文句は

言えませんよ」ということになってしまうわけです。消費者被害の「消滅」です。

髙嶌 本書では「オーディション商法」という例を挙げています ［→110頁］。この事案では、実は２人の事業者が登場しています。無料でオーディションを行う業者と、その業者から合格者を斡旋してもらって芸能人養成スクールの入学契約を締結する業者です。そして、そのスクールの入学金は、ほぼそのままの金額が、オーディション主催業者に支払われているのです。これもビジネスの責任主体をうまく分けて責任の所在を不明確にしている典型例です。この種の事案にどのようにアプローチしていったらいいのかは難しい問題ですが、法人は別であるという建前をとって、それぞれまったく別の取引をしていると考える限り、なかなか本来責任を負うべき親玉には到達しません。法律上は、そういう場合には２つの対応が可能です。

ひとつは、**法人格否認の法理**です。利益を隠すなどの不当な目的のために法人格が使われている場合には、その法人格を否認できるという考え方ですが、これは根拠となる条文が**一般条項**しかないので、なかなか難しい。もうひとつは、**複合契約論**です。たしかに２人の事業者がいて、消費者はそのそれぞれと別の契約を結んでいるけれども、この２つの契約には、経済的、あるいは契約目的からみて強いつながりがあるという場合には、一方の契約違反の効果がもう一方の契約にも効力を及ぼすことができる、という考え方です。複合契約論は判例でも認められた事例があるんですが、まだ消費者取引一般でこれを有効利用できるところまでは一般化していない。本当は先にお話したオーディション商法なんかも複合契約論を使って、本来の事業主体の責任を追及すべきなのですが、実際の訴訟ではそういう議論まではできていません。今後、検討すべき問題だと思います。

住田さんが言われるように、契約主体をあえて分けて、複数の契約で繋げるということがビジネスの手法としてよく行われているのが現状ですから、今後は、その種の事案に正面から対応するためのいろんな法律構成を考えるべきだと思います。

法人格否認の法理　たとえば、法人である会社とその経営者とは法的には別人格で、会社の債務を経営者とは言え個人に請求することは原則としてできない。これは関連性があっても、別の会社は別法人と扱われることでも同様である。ただ、悪質な事業者は、問題となった会社をたたんで別法人を立ち上げて、同様の問題ある取引を継続するといった事例もある。そこで、その会社の法人格が、形骸化していたり、濫用されている場合に、法人格を否認して、その会社の責任を背後の経営者に及ぼしたり、別の会社にも主張できるとする考え方がある。これを「法人格否認の法理」という。

一般条項　抽象的・包括的概念を用いて法律要件を定めた規定のこと。公序良俗（民法90条）、信義則（民法1条2項）、権利濫用（民法1条3項）、正当の事由（借地借家6条、28条）、消費者契約法10条などがその例。一般条項は、抽象的に法律要件を規定しているので、法律要件を充足しているか否かの判断に際して広く価値判断を含めやすい構造を有しており、個々の事案における形式的・硬直的な判断を回避し、具体的妥当性を確保するのに役立つ。

複合契約論　本来は別の複数の契約が結びついていて、それが相互に関連している場合に、それぞれの契約の債務を相互に関連づけて法的に取り扱うことができるとする考え方。たとえば、介護付き高齢者マンションでは、マンションの売買契約と介護の契約が締結されるが、その相互の契約は高齢者が安心して居住するという契約目的の実現のために密接に関連していることから、一方の契約不履行が他方の契約にも影響を与えることがありうる。

住田　ちょっと脱線してしまうのですけど、当事者2人、1対1の当事者同士だと、たとえば、プールつきのマンションがあり、買主がプールを楽しみにしており、マンションの区分所有権売買契約とプール使用のためのスポーツクラブ会員権契約を同時に締結したのに肝心のプールの完成が遅れてし

まったというケースで、会員権契約だけでなくマンションの売買契約もまとめて解除が可能だとした最高裁判決があります（最高裁平成8年11月12日判決民集50巻10号2673頁）。最高裁は、このような1対1の関係なら、複合契約論的な法理を認めているのですが、当事者が3人以上になると、途端に「いや、その2つの契約は関係ないでしょ」と厳しくなるのは、いったい、あれは何なんでしょうか。こっちがこけたらこっちがこけるっていう関係性でいえば、1対1の場合と同じじゃないのと思ったりするのですけど……。

髙嶌　やっぱりそこまで行くと法人格否認の法理を使わざるをえませんね。一応法人そのものは別ということを前提にしないとやっぱり難しい。たださっきのオーディション商法でも結局利益はその親会社が吸い上げているわけですよね。オーディションは無料でやっていると言うけれども、その学生さん1人の紹介料で何十万円って払っているわけですよ。結局利益は全部その親会社であるプロダクションが吸い上げちゃっているわけですよね。だから場合によっては学校の方が潰れてしまうと、この回収困難の問題に直面するわけです。

住田　両者の間の経済的一体性をやっぱり重視する、という傾向にあります。ただし、外部からは、そこが見えにくい場合もあって、経済的に一体とまでは評価できないというケースでバツンと切られるケースが割と多くて、そこには納得のいかない気持ちが残ります。こういったケースで責任を認めるために、経済的に一体性があるとまでいえる必要が本当にあるのでしょうか、と思います。

髙嶌　豊田商事事件では、従業員個人の不法行為責任を追及していましたね。典型的な詐欺事件ならそういうふうに個人責任を追及する方法もあるのだけれども、すべての消費者被害事例でこれが使えるかというと、難しいと言わざるをえません。

（3）回収困難

住田 さて、消費者が複雑化・分業化という難題をなんとかクリアして勝訴したとします。しかし、次に立ちはだかるのは、現実に被害回復ができるのか、という点です。つまり民事執行法、民事保全法の問題です。消費者被害を解決して判決で勝ちましたと言っても、結局逃げられてしまってお金を回収できない。これでは、被害者からは「せっかく勝ったのに何のためにやったのですか」といったことを言われることもありますし、弁護士としては、本当に辛いんですよね。これは、民事執行法がすごく使いにくかったり、弁護士が執行につながる情報を取得するツールがものすごく限られている、ということに起因するものだと思います。

高嶌 SNS経由の特殊詐欺事例では、相手方がそもそもどこにいるのかすらわかりません。外国だったらほとんど手の出しようがないのですね。

坂東 そうですね。消費者被害にかかわらず、民事裁判では共通の問題になることですが、まず相手を捕まえることができなければ、法律の出番はない。先ほどお話しした取引DPF消費者保護法も、まずはDPF事業者に、モールの中で販売をしている店舗の情報をきちんと把握することを求めているのも、それがスタートラインとして大切なことだからです。SNSを使った被害は、特殊詐欺にかかわらず増えています。ある程度の年齢の方でも、SNSで投資グループに誘われて、そこで詐欺被害にあってしまう。特定適格消費者団体には集団的に消費者被害の回復を請求する権限が与えられていますが、その行使も相手方の特定とそこに一定のお金があることが前提になります。相手方に資産がない、あるいは資産がどこにあるのかわからないという状況では、**共通義務確認訴訟**で相手方事業者に法的な問題があってお金の返還を求めることができると判断されたとしても、実際に返金を求めることは著しく困難です。「ない袖は振れない」わけです。

> **共通義務確認訴訟** 特定適格消費者団体が、消費者裁判特例法に基づいて消費者の集団的被害回復訴訟を提起する場合、その手続は2段階からなる。その第

1段階は、被害を受けた多数の消費者に共通する事業者の義務違反の認定であり、その手続を共通義務確認訴訟という。集団的被害回復訴訟は、解約された契約に基づく代金返還請求など、金銭の返還を求める4種類の請求に限定されているが、その請求が認められるか否かが共通義務確認訴訟で判断される。第2段階では被害者に損害を分配する手続であり、これを簡易確定手続という。

住田　たとえば、特定適格消費者団体が業者には損害賠償義務があるという判決を第1段階で得ました、というのであれば、実際に業者に賠償させるためには、たとえば、**国税徴収官**と同じくらいの権限を持たせるとか、それくらいのことをしないといけないですね。本来は、個別の裁判で**債務名義**を取ったときにもそれくらいの権限がほしいのですけれども、日本の執行制度って本当に貧弱で、使い物にならないというのが実感です。詐欺師にとっては、やり得になっちゃうのですね、もう別に負けたら逃げたらいいやってなるわけです。

　2024年6月18日、政府犯罪対策閣僚会議は「国民を詐欺から守るための総合対策」を発表していますが、被害回復のための制度についてはぜんぜん有効な対策を提案できていないことは強調しておかなければなりません。詐欺師のインセンティブを奪うことが詐欺の抑止になるということについて、政府も、もう少し考えてほしいですね。

国税徴収官　国税徴収官は、国税徴収法141条以下の規定に基づき、滞納者の財産調査について強力な権限を行使できる。民事執行法の情報取得手続では、銀行口座や証券会社にある「その瞬間の財産の残高」しかわからないが、国税徴収法に基づく検査は、それだけにとどまらず、資金の流れ、移転先や移転元についての調査も可能になり、財産を追跡できる時的・客観的な範囲ははるかに大きい。そのほか、滞納者の物や住居その他の場所についての捜索も可能である。

高嶌 SNS 経由で金銭をだまし取るという詐欺が簡単になっているのは、オンライン決済が簡易迅速に行えるようになってきたことの負の側面ですね。

住田 割販法すら適用されない決済方法がいっぱいあるので。たとえば、いわゆる「**後払い**」は、そもそも何で割販法の適用がないのだ、という話がありますよね。

高嶌 ビジネスの世界では、迅速な決済が求められるのは当然です。迅速な決済は、商品交換経済の基礎でもありますから。そのような要請があること自体は当然なのですが、被害を防止するという観点からは、なんらかの保護手段が必要だと思います。

坂東 でも本当に難しいと思います。特定適格消費者団体では、集団的被害回復のために相手方になる会社がどこにどういう資産を持っているかを調べ

あげています。すると、たくさんの銀行等に口座があって、その中には預金残高が100円、200円、1,000円といった口座がざらにある。悪質な業者に限って、資産が分散している。しかも、それが絶えず動いている。捕まえようがないというのが正直なところです。

住田 いま使えるツール、たとえば、判決を取ったあとに情報取得手続という手続を使って銀行口座などの情報を調べることができるのですが、お金もかけて一生懸命調べても、せいぜい、「ある銀行にそのとき瞬間的に存在する残高」しか情報としてわからないんですよ。「えー、判決とったのに、そんなことある？」と思うんですけどね。

坂東 「ない袖は振れない」という世界が意図的に作り出されている。実際に訴訟を担当する弁護士がすごい苦労しているのを見ていると、なんか申し訳なくなってしまいます。私が悪いわけではないのですが。ある程度の勝算というか成果があがるのであれば、苦労をする価値があるのでしょうが……。

住田 ただ、少しずつましになりつつあります。たとえば、郵便局は2023年6月から転居届に記載された転居先についての弁護士会照会 [→151頁] に応じることになりました。もちろん運用にはまだまだ課題があるのですが、きっかけとしては、愛知県弁護士会が弁護士会照会に対して回答拒否した郵便局に対して裁判をしたということでした。そういった裁判も含めた取組みの中で、ちょっとずつ改善をしていっています。また、実体法的にいいますと、**懲罰的損害賠償**の制度はなかなか入らないものなのでしょうか。その制度が入ったとしてもどう回収するかという話はあるわけですけど、抑止的な効果はあると思いますので。

懲罰的損害賠償　不法行為（わるいことをすること）に基づく損害賠償は、その名のとおり、被害者が被った損害を補填（補う、埋め合わせ）ためのものであることが原則であるが、加害者の行為が悪質で、強い非難に値するような例外的な場合に、制裁的な意味合いを込めてその金額を増額することを懲罰的損害賠

償という。我が国には導入されていない。

　不法行為に基づく損害賠償の目的や機能については、近年、純然たる損害の補填という点のみならず、制裁的機能や満足的機能（加害者から償いを受けることによる満足感情の実現）をより重視すべきではないかという議論があり、わが国においても導入が議論されるべきという意見もある。

髙嶌　日本の実務は、懲罰的損害賠償にはかなり厳しいですね。懲罰的損害賠償が法律によって認められたとしても、回収できない場合は残るでしょう。基本的には、金融システムの発達に伴って生じた問題なのですから、取引の迅速性をある程度犠牲にしても、金融システムの中で解決すべきだと思います。危険を内包するシステムを作り上げて運営してるのですから、そこから生じる危険はそのシステムを運営してる者が負担しろということになるのが本来の形でしょう。

住田　今は、とにかくイノベーションを妨げてはいけないといったことばかり言われて。クレジット契約に関しては割販法の適用はあるのですが、それ以外の新しい決済システムに関しては、さきほど言いましたように、その現実だけが先行している感じがありますね。

髙嶌　たとえば、DPF 運営者の責任についても、従来、あまり訴訟になってないことには理由があります。たとえば楽天では、楽天内で取引する業者に問題があってトラブルになった場合、1 件につき30万円までは楽天が業者に代わって消費者の被害を填補するという制度を作っています。このような被害救済制度は、法律で設置が義務付けられているわけではありませんが、DPF というシステムを新たに作り上げた者は、そこから生じる危険については一定の配慮をするという形で対応がされているわけです。金融システム全体についても、そういう制度が本当は必要なのかなというのが、個人的感想です。

住田　それは、事業者の自主規制ルールのような**ソフトロー**的なものでもよいということですか。

高嶌　そうですね、最低限、そのようなしくみが必要だと思います。

住田　たとえば、Amazon など大手の DPF は、弁護士が依頼を受けて、電話して「これ、どうなってんだ」と聞いたら、たしかに「返金します」といったアドホックな対応で解決することはあるのですけれど、それはそれで何か不透明な感じもします。

高嶌　それすごくよくわかるのですが、法令でそのような救済制度の詳細を定めるのはかなり難しいと思います。近時は、法律で基本的な枠組みを作って、施行令とか施行規則で細則を決めるという方法が一般的ですが、それがうまくいかない場合が増加しています。たとえば、生成 AI の利用契約を念頭に置くと、技術的進歩のスピードが速すぎて、新しい技術に対応する法令の改正がまったく追いついていません。このような状況が典型的に生じているので、何もないよりかは業界の自主規制ガイドライン的なものでも対応しないよりはマシだろうという印象を持っています。実際に、どんどん技術革新がある分野では、そのような対応しか無理かなと思います。

住田　せめて、自主規制と法律の間くらいの何か準則的なもの、もっと第三者の監視の目が入ったものくらいはあってしかるべきかなと。そうしないと、結局、DPF のやりたい放題になるのではないかと思います。「規制しています」「ちゃんとやっています」だけですませるのは、問題があります。

高嶌　そうですね。**国土交通省が作成した不動産賃貸借の標準約款**はそのようなガイドラインの典型的です[2]。また、医療の領域でも、学会によってそのようなガイドラインが多数作成されています。たとえば、代理母は日本の国

2　国土交通省ウェブサイト「『賃貸住宅標準契約書』について」〈https://www.mlit.go.jp/jutakukentiku/house/jutakukentiku_house_tk3_000023.html（2024 年 10 月 7 日最終閲覧）〉。

内では事実上実施できませんが、それは日本産科婦人科学会が、これを原則禁止するガイドラインを作って公表しており、多くのお医者さんがそれに従っているからなんです[3]。医療に関しては、このようなガイドラインはそれなりに機能してるところはあります。

> **国土交通省が作成した不動産賃貸借の標準約款**　国土交通省は、賃貸借契約において想定される紛争を防止することを目的として、住宅宅地審議会答申（平成5年1月29日）を受けて作成したモデル契約書「賃貸住宅標準契約書」をウェブサイトなどで公表している。また、紛争の実態の変化や法改正に応じて、これを随時更新している。

消費社会とは何か？

1　消費者と労働者はコインの裏表

住田　さて、いくつか具体的な例をあげることによって、読んでいる方にも、消費者被害とは一体何であって、いま、どんな課題があるのかということについてイメージを掴んでいただけたかと思います。あえて、ここまで、消費者被害とは何かについて定義しないままに、消費者被害にはこういうのあるよねという話の進め方をしてきたわけですが、では、そもそも、消費者被害っていうのは何なのか、何をもってこれは消費者被害だよ、と定義するべきでしょうか。それを明らかにするためには、やっぱり現代が消費社会であるということについておさえておかないといけないと思います。消費社会

3　「代理懐胎に関する見解」日産婦誌76巻8号（2024年）813頁〈https://fa.kyorin.co.jp/jsog/readPDF.php?file=76/8/076080771.pdf#page=6（2024年10月3日最終閲覧）〉。

であるとは、そもそも、どういう社会なのでしょうか。

髙嵜　消費者被害に関しては、従来、個人がちゃんと知識を身につけて対応すべきだと個人責任が強調される傾向にあるのですが、基本的には、生産と消費の分離という社会構造から生じている問題なので、個人で対応するには限界があります。この点の認識がまず出発点になると思います。たとえば100年前の社会だと、とくに都市部以外では、生活の基盤である衣食住のかなり多くの部分を自力で調達できました。食料は、自分の田畑で作っている。衣類についても、綿や絹を生産して着物まで作る。住居もそれぞれの村落共同体の中で助け合いで維持していくとかです。このような形で、売買を介しなくてもある程度生活できたわけですが、現代のわれわれ消費者は、衣食住のすべてを契約を介さないとそもそも入手できません。つまり、われわれの生活そのものが、このような社会構造に依存しているということです。大企業を中心とする大規模な商品生産と商品流通という社会構造に依存している。そうすると、そこから生じる問題も、消費者個人の問題とはいえません。消費者は生身の体を持った人間であり、これを自然人 [→058頁] といいますが、現代社会で自然人が生きていくためには、衣食住や各種のサービスの供給が必要です。しかし、消費者教育においても、消費者被害は社会構造から生じる問題なんだというところが抜けて、悪徳商法への対応のノウハウとして議論しているところが、物足りない気がします。

住田　重要な問題設定だと思います。まさにそういうところから消費者の問題は生じるのでしょう。だけど、私より若い世代は、そもそも衣食住が、たとえば自給自足であったり、村の人から何を借りて調達したりするとか、契約を介することなく、そういった手段で自分で入手できる社会を、そもそも想像ができなくなっているのではないかなと思うのですね。それどころか、たとえば、メルカリで自分が使っていた教科書を売ったり、UberEatsで働く、すなわち自分の労力や時間を売ったりすることもできるわけです。つまり、消費者でありながら生産者という人も、カジュアルに存在します。インフルエンサーは、この商品を買っています、商品を使っています、というこ

とでお金儲けをするわけですよね。消費と生産が一致しているわけです。そういった人はもちろん典型とは言えないかもしれませんけれども、商品と生産の分離ということがなんかモヤモヤとして揺らいでいる社会が今の社会ではないのかと思うのですが。生産と消費が分離した社会が当然で、そこからスタートしないといけないよねっていう基盤があまり共有できていない社会になっているような気もするのですけども。まだその構図は有効なのでしょうかね。

髙嶌 生産手段の有無という観点からすると、ネット上のインフルエンサーも、自分の労働力を使って事業をしているわけです。たしかに、誰かに雇われているわけではないのですが、自分の売れるものは労働力しかないという意味では、やはり生産と消費の構造から抜け出していないといえます。

住田 なるほど。今日でも、消費者と事業者の区別といいますか、そういったものはまだまだ有効ということですかね。

髙嶌 現在の資本主義社会における商品の多くは、大企業によって画一的に企画生産されています。そのような商品が主流である限りは、個人による生産は、あくまで社会全体から見ると非常に微々たるものにならざるをえません。とりわけ、労働という観点から見ますと、その労働に一定の専門性、希少性を持たせることによって商品としての価値を高めているだけですから、そのような生産方式は、決して社会の基本構造になりえないという気はします。

住田 ちょっと話がずれますけれども、労働法の世界では労働者と使用者は完全にわかれています。消費者・事業者の区別と労働者・使用者の区別は、似ているようで違う気もするのですけれども、何か違いはあるのでしょうか。

髙嶌 結局、消費者も労働者も、自然人であるという点は共通しています。若干正確さには欠けますが、消費者としての自然人と労働者としての自然人は、1つのコインの裏表だという説明がわかりやすいと思います。通常の消費者は大規模な生産手段を持ってないから、市場に参入しようと思えば、自

分の労働力を売るしかない。労働力に関しては、提供者であり売り手です。ただし、その売り手のところでも、相手方が企業であれば、売り手としての立場、交渉力も弱い。買い手としての消費者の立場の弱さや知識、経験格差と共通しています。このように、消費者の特性と労働者の特性はかなり重なっているので、消費者教育の中に、労働者としての教育、労働法教育も本当は入れるべきだと考えます。これを含めて、広く市民教育という形で統合した方がいいんじゃないかというのが、私の考えです。

住田 UberEats という企業があって、そこで仕事をしている運転者が何か問題を起こしたときに、UberEats の責任を追及できるかどうかという話があります。UberEats とその運転者との関係っていうのは、基本的には事業者間契約になるのですよね。そうすると、UberEats は、運転者の使用者ではない、という結論が導かれがちだと思います。他方で、労働法の世界では UberEats とその個人との関係は労働者と使用者の関係ではないか、ということが言われていて、DPF 運営者は労働組合との団体交渉に応じる義務があるかどうか、という議論があります。何か、こうした事例をヒントにして、消費者法に、労働法の考え方を導入できたら面白いかなとか思ったりするのですけど、いかがでしょうか。

髙嶌 少なくとも一つの主体のコインの裏表の問題なので、今まで別々に考えたこと自体がちょっと問題かなという気はしています。この点との関係で議論が抜け落ちている例が、フランチャイザーとフランチャイジーの関係です。個人で大手企業のフランチャイジーになった場合、フランチャイザーとの関係では、知識にも交渉力にもかなり大きい格差がある。なので、フランチャイザーから指示されるまま経営して、その結果、損失を被るというのが典型的です。このような事案に消費者法の原理がどこまで類推できるかということは一応議論されていますが、2つを総合的に考えてみましょうというところまではいってないと思います。個人的には、個人のフランチャイジーの場合には、完全に分けて考える方がおかしいように思います。

2 お客様（＝消費者）は神様か？

住田 「お客様は神様」というキャッチフレーズがあります。語源は、三波春夫さんなんですね。ただし、これは、まさに「お客様は神様である」と言ったというのではなく、お客様の前で歌うときは神様の前で祈るように雑念を払って歌うことが重要だと言ったのが、なぜか今、お客様のほうが偉くて神様のように扱えという趣旨で誤用されているようです[4]。どういった文脈で、お客様は神様と形が変わってしまったのかということは、興味深いところではあります。

消費社会とは、消費者が神様として絶対的に崇められる社会を言うのかどうかというと、それは違いますよね。

高嶌 BtoC 取引 [→150頁]、事業者と消費者との間の取引では、事業者の経営戦略のひとつとして、お客様目線で事業展開しましょうという路線が重要ですから、そのキャッチフレーズのひとつとして使われてきたのでしょうね。ただ、そこで念頭に置かれているのは個々の消費者ではなく、BtoC ビジネスを展開するうえでの集団としての消費者です。

住田 今、カスタマーハラスメントという言葉があります。これは、企業の中ではかなり深刻な問題となっていることは、間違いありません。カスタマーハラスメントは、「消費者から労働者に度を超えたクレームや嫌がらせがあったときに、会社が労働者に対して何もしないと勤務環境の整備義務違反になりますよ」という、企業が労働者に対してとるべき義務の問題です。消費者問題に携わる弁護士や消費者団体は、「カスタマーハラスメント」という言葉が独り歩きして、消費者が当然有している権利を阻害したり、あるいは過度に抑制されたりすることのないように気をつけなければなりません。消費者が何でもしていいというわけではない、というのは、当たり前の

4　三波春夫オフィシャルサイト「『お客様は神様です』について」〈https://www.minamiharuo. jp/profile/index2.html（2024 年3 月21 日最終閲覧）〉。

ことです。

高嶌　むしろ消費者は、個人では、取引内容にほとんど何も関与できません。事業者に対して、私との取引についてはこういう契約条項を使ってください、と交渉しても、ほとんどの場合に相手は応じません。個々の消費者と事業者との関係というのは、事業者の側から一方的に衣食住その他のサービスを投げられて、「これがほしかったら頑張って働いてお金を払ってください」と一方的に商品を提供されているだけの話です。だから、私は授業では、現実には、消費者は神様じゃなくて、深い穴の底に閉じ込められているようなもので、事業者が穴の上から商品を放り込んでいるだけだよ、個別の消費者の希望とか欲求とかがこの構造を変えるということは基本的にはないんだよ、と表現しています。

坂東　「お客様は神様です」と言っているのは、消費者ではなくて、事業者の方です。消費者に選択してもらえないときに会社は生き残れないよという際に、「お客様は神様です」という表現を使っているのだと思います。

　それで問題は、むしろその次です。本当に消費者はちゃんと良い会社や商品を選択することができているのかという問題です。たとえば、選択の権利を行使することを通して、企業を選んで、市場の公正化を図るということが、本来の消費者の役割なんだけど、実は私達はその選択の権利を行使するだけで十分な情報の提供を受けているのか。むしろ選択を間違わせるような情報の提供を受けて、いつの間にかよく考えないままで選択をしてしまっているんじゃないか、というところに消費者問題の大きなポイントがあると思うのです。裏を返すと、本当に神様として市場に影響を及ぼすような何かができる環境にあるかというと、とんでもないよねという現実があります。

　消費者が権利を行使するのも簡単な話ではありません。あるインターナショナスクールで消費者の権利について話をしたときに、「先生よくわかりました。でも、たとえば製品が悪かったとき、私達はどこまでその権利を主張したらいいのでしょうか？」「どういう方法で権利行使をすることが適切なのでしょうか？」「私はクレーマーにはなりたくないですから！」と質問され

ました。実はそれが一番難しいんですよね。どこまでどういう手段であったら自分の権利を適切に主張していると言えるのかということを、私達は学校でも社会でも教わっていない。たとえば、大学の法学部でも、製品が悪いから債務不履行に基づいて損害賠償の請求はできるよね、という実体法上の権利については習うのだけど、でもそれを行使するためにどんな証拠が必要で、どういう準備が必要かということを勉強できるのは、法律の実務家になった人くらいなのです。そうじゃない人はどうしていいかわからないというのが、正直なところです。つまり、消費者は神様になりそこなった人なのです。経済学的には神様なのかもしれないけど。

住田 お客様は神様というのも言い過ぎだし、かといって、消費者にはまったく選択の余地がないということでもないわけですから、神様なんてことはまったく言う必要はないですね。消費者も人間ですよということで、人間として取り扱われるべきですし、かつ人間としての選択も当然あるということなので。

髙嶌 **消費者教育推進法**の中には、「消費者市民社会」という概念が用いられています。そして、消費者市民社会では、消費者が主体的に判断してみずから市場を健全化していく、そういう消費者像が念頭に置かれているのです。しかし、実際には消費者にはいろいろな属性があって、いろいろな弱い側面を持つ消費者は少なくありません。なので、今後の消費者問題を解決するうえで、「社会的に自立して主体的に市場に関わっていく消費者」と、「知識や経験の不足、年齢、疾病、障害等による弱点を抱えている消費者」という２つの消費者像を、どういうふうに考えていくかという点が重要になってくると思います。少なくとも適格消費者団体のように集団としての消費者層を代表するような主体と、各種の弱点を持った現実の消費者の両面から消費者問題を考えていかなければならないのは確かですね。

消費者教育推進法 消費者教育推進法は、「消費者教育の機会が提供されることが消費者の権利である」（１条）ことを踏まえ、消費者教育についての基本理

念やその実現のための国、地方公共団体、企業の責務などを明らかにした法律である。

　2条では、目指すべき社会として「消費者市民社会」すなわち「消費者が、個々の消費者の特性及び消費生活の多様性を相互に尊重しつつ、自らの消費生活に関する行動が現在及び将来の世代にわたって内外の社会経済情勢及び地球環境に影響を及ぼし得るものであることを自覚して、公正かつ持続可能な社会の形成に積極的に参画する社会」が掲げられており、消費者は、たんに消費者被害から守られるべき客体にとどまるのではなく、「公正かつ持続可能な社会」を形成する主体と位置づけられている。

消費者法の現状と課題

[住田]　さて、私たちは消費社会に生きており、その消費社会において必然的に起こってくる問題こそが消費者問題だということですが、まず、消費者問題と消費者法の関係について、髙嶌さん、簡単に整理していただけますでしょうか。

[髙嶌]　**消費者基本法**の2条に消費者の権利が並べて書いてあります。この消費者の権利が6つなのか8つなのかについて争いはあるんですけれども[→190頁]、ざっくりとその内容を見てみますと、まず消費者の基本的な需要が満たされて、健全な生活環境が確保されることが挙げられます。

　健全な生活環境の中には、消費者の安全の確保も含まれるし、個々の消費者の個別の事情に合わせた選択の機会が確保されていなければなりません。このことを前提としたうえで、さらに消費者が社会を変えていく、市場を変えていくという役割を果たすためには、消費者に対して必要な情報が提供されていなければなりませんし、また、教育の機会が保障されなければなりません。多くの消費者が意思を表明して、それが消費者政策に反映されるとい

う仕組みが必要です。さらに、消費者に被害が生じた場合には、適切かつ迅速に救済されることも消費者の権利です。このように、全体的な消費生活環境をまず確保したうえで、さらに消費者が自発的にその社会の変革に関与していく、このような消費者像が、消費者基本法の中にも挙げられています。ただ、先に述べましたように、このような消費者像は、集団で見た場合の消費者像であって、個々の脆弱な部分を持っている消費者という位置づけは、必ずしも消費者基本法には明確に現れていません。また、最近、消費者契約法の中には、消費者の脆弱性[→071〜072頁]を前提とした規定が新設されていますが、まだまだ不充分です。

> **消費者基本法** 2004年に、それまでの消費者保護基本法を全面的に改正し、消費者の権利の尊重と自立の支援を基本理念に消費者政策が行われることを規定した法律。国、地方自治体及び事業者の責務などが定められている。基本法によって個々の消費者に具体的な権利が付与されるわけではないが、その基本理念に従って消費者政策が行われ、法整備がなされるという重要な意義を有している。

住田 消費者問題があるというのは、消費者の権利を個々の消費者に任せたままでは侵害されてしまうおそれがある、これを守るために消費者法があるという理解でよろしいですか。

高嶌 そうですね。権利を守るということとあわせて、消費者市民社会の実現という社会変革に向けた基盤を整備するという、その2つです。

住田 さきほど消費者問題については、現代的課題があるという話をしましたが、基本的には、昔から現在にいたるまで、被害の救済の地平は広がっているのではないかと思っています。

まず、消費者の安全ですね。消費者の安全に関して言えば、**製造物責任法**ができまして、過失を立証しなくても欠陥と被害との因果関係を立証すればいいことになりましたが、近年、東京高裁令和2年2月27日判決(エアコン

室外機事件、消費者法ニュース124号334頁）が、「『製造物等を通常予見される使用形態で使用していても、他人の生命、身体又は財産に危害を及ぼす危険性のある状態にあること』を推認するに足りる諸事実が立証されていれば」足り、欠陥の「部位・態様や技術的原因等の詳細まで立証を要するものではなく、また、因果関係についても当該危険事象の発生に至った科学的機序等の詳細まで立証を要するものではない」として、これを覆すためには製造者側の反証が必要だとしていますが、これは製造物責任法の本来の趣旨に沿った解釈です。

　次に、取引の選択の機会の確保あるいは情報提供に関して言えば、私の取り組んでいる投資被害で言いますと、**一体的不法行為理論**というのがあります。投資への勧誘に関しては、業者の勧誘を一体的に見て全体を見て認定するべきである、というものです[5]。また、表示・広告の分野では、先ほど髙嶌さんが取り上げられたようなKCCNのクロレラ事件の判決があります。あるいは最近も、特商法の改正がありましたけれども、いわゆるアップセル・クロスセル規制[→216頁]、ステルスマーケティング規制など、広告と勧誘の二分論はもはや過去のものになりつつあります。公正取引あるいは独禁法的な発想に関しても、KCCNは、携帯電話各社が契約期間を2年縛りにするという「利用者の囲い込み」条項の差止めを求める訴訟もされていました。結果は負けてしまいましたけれども、その後、2019年に、総務省が独禁法上問題があるとして事実上禁止したという形で実現されています。消費者の「基本的な需要が満たされる」というところでは**クレサラ対協をはじめとした運動**が実り、2006年には貸金業法成立という大きな成果もありました。

　このように、私が弁護士になった後に絞っても、各分野で、かずかずの弁護士の活躍によって被害救済の地平が広がっていると思います。一点、被害が生じた場合には適切かつ迅速に救済されるという権利に関しては、まだまだ目標が達成されていない点と思います。これは先ほどお話したとおりです。

5　いわゆる日光商品事件についての最高裁平成7年7月4日判決NBL590号60頁。

製造物責任法　製品の欠陥によって損害が生じた場合に、被害者が製造業者等に責任を追及できるとした法律で、1995年に施行された。

　民法では、損害賠償請求をするために業者の「故意または過失」を立証しなければならなかったのに対し、製造物責任法では製造物が通常有すべき安全性を欠いていること、すなわち「欠陥」および欠陥と損害発生との間の因果関係を立証すれば責任が認められるとした。

一体的不法行為理論　先物取引被害など、業者の取引勧誘等の行為が複数（多い場合は数百回）ある場合には、それらを個別の行為として分析的に見るのではなく、一つの目的（顧客からできるだけ多額の手数料を稼得しようという意図）に貫かれた一連の行為として不法行為該当性を評価すべきであるとする考え方。先物取引被害について多くの下級審裁判例で採用され、最高裁平成7年7月4日判決NBL590号60頁でも是認されている。

クレサラ対協をはじめとした運動　1990年代末〜2000年代初頭、無人契約機が増加しおびただしい数の消費者金融のテレビCMが流れるというサラ金バブルの状況が続いた。消費者は、高金利・過剰与信・過酷な取り立てにより多重債務に苦しみ、自死者も多数にのぼった（2005年の多重債務を理由とする自死者数は7,800人）。これに対して、弁護士、司法書士や市民でつくるクレサラ対協（全国クレサラ・生活再建問題対策協議会）は、全国で運動を続け、2006年には貸金業法成立、上限金利の引下げ、総量規制（年収による借入額制限）などの大きな成果があった。2014年には多重債務を理由とする自死は677人となった。このように、多くの人の命を救った運動である。

高嶌　本日は、かなり悲観的なことばかり言ってしまいましたけど、全体としての消費者保護法制は、行政の制度枠組みも含めて、だんだん進歩していることは間違いありません。昔に比べれば、消費生活環境は格段に良くなっていますし、消費者教育も充実してきているのは間違いありません。ただ、

先に述べましたように、社会の変化に対応した新しい問題がどんどん出てきていて、これへの対応がまだ十分できていません。この点では、個々の消費者の努力、対応、教育では十分に対処できない部分があります。今後、適格消費者団体その他のNPO団体、そして国民生活センター、消費生活センターを含めて、消費者層が全体としてどのように今後の消費者問題に取り組んでいくのかが問われています。この課題に対しては、現在、試行錯誤の状態であると思います。

住田 今後、消費者被害を少なくするためには、どのようなことが必要なのでしょうか。

髙嶌 大事なことは、消費者被害は、社会構造から生じる問題だという点にまず気づいてもらうことです。「私個人の努力が足りないんじゃないんだ、これは構造的に生じている問題で私だけじゃなくてみんなで対応しなきゃいけない問題なんだ」ということにまず気づいてもらう。そういう観点からすると、先ほどの労働問題も、広い意味での消費者問題に入ってくることになります。坂東さんが言われたように、本当に自立している人は、自分の能力をちゃんと理解したうえで、適切な人に適切な助力を頼む、あるいは適切な制度をちゃんと使えるわけです。そういう行動ができる人が、まさに自立した消費者なんですね。そういう観点からすると、社会人を対象とした消費者教育の場があればそこで改めて勉強し直すことができます。そういう場も含めての消費者教育をきちんと整備すれば、適切な権利行使のための仕組みを自分で探し出して頼ることができるようになります。さらに、機会があれば自分の知識や技術を磨いていく場を用意する。今後は、そういう仕組みが必要だと思います。

坂東 消費者教育で消費者被害がすべて解決できるわけじゃないし、消費者法があるから消費者被害がすべて解決するわけではありません。それから、被害に引っかからないためにはアンテナの感度が重要です。つまり、論理的に被害がどういうものかということよりも、「これってやっぱりちょっとなんか怪し気だね」といったある種の感覚みたいなものも、ものすごい大切な

んですよね。被害を察知する能力は一体どうやって身につけることができるかというと、やっぱりひとつは経験なんですよ。でも経験は、結局ある程度時間が経たないと、物事が積み重ねられない。したがって、その経験をすべて待っていたら遅くなってしまいます。しかも最近は早く大人になりましょう、という話もあるわけだから。そこに向けて教育の部分でそれを補うことが必要なのは事実です。間違いなく言えるのは、消費者契約法を教えたらお利口になるかというと、必ずしもそうではない。時代とともに、法律も変わるし、消費者契約法の消費者問題に対する役割も違ってくるわけですから。裏を返すと、消費者教育で何を教えるかということがとても大切です。たとえば、大学生になったときに、大人の一番最初に18歳があるわけです。その場の一番最初の一般教養でそのときそのときの消費者問題を教えることも大事だし、ブラックバイトの話を理解することも大切です。それからパートナーと1対1で向き合うときの性的な自己決定について一度考えてみることもリアルだし、ジェンダーの問題で自分の性別を決定できることになるわけだから、それについて考えていくことも大切ですよね。生活に関わる自己決定の問題をきちんと教育で一度やるということがひょっとしたら、消費者問題を考えるときの頭の中の柔軟性に繋がるような気がします。だから、消費者教育というのは、消費者の問題だけを教えるのではなくて、あなたの生き方を一度考えてみましょうといった枠組みの中から物事を考えることが大切なのではないでしょうか。

消費者被害を考えるためのヒント

消費者問題は身近にあって奥深く、消費者被害をもたらすテクニックは古くて新しい。消費者法は、このような難問を解決するための法律、制度、考え方を束ねた法分野である。Part2では、消費者法のうちいくつか代表的な法律について簡単に解説した後に、実際に、3つの事例についてケース検討を行う。どれも難問である。読者の皆さんも、まずは事例を読んで考え、そして周りの人と語り合ってみてほしい。結論は重要ではない。そのプロセスが消費者法を考えることなのである。

1 章

消費者問題を解決するための法律知識①—民法・消費者契約法

消費者契約と消費者トラブル

　私たちは、日頃から、コンビニやオンライン業者を相手方として、さまざまな商品を購入したり、便利なサービスを利用したりしています。また、マンションの一室を業者から借りて住んだり、レンタカー会社でレンタカーを借りて旅行したりすることもあります。このように、現代社会における私たちの生活は、業者とのさまざまな契約を通して、必要な商品やサービスを手に入れることで成り立っています。

　その際に、私たちと業者の間で結ばれる契約を「消費者契約」といいます。そして、消費者契約において商品やサービスを提供する側を「事業者」と呼びます。株式会社などの法人や個人事業主で、消費者を相手方として取引を行っている者がこれにあたります。また、商品やサービスを受け取って自分の生活のために利用する側の私たちを、「消費者」と呼びます（これらの法概念は、後述する「消費者契約法」の2条各号に定められています）。消費者の特徴は、自分の生活のために、言い換えれば金儲けを目的とせずに、これらの商品やサービスを利用する「自然人」だという点にあります。自然人とは、生身の肉体を持った人間のことをいいます。そんなことあたり前だと思われるかもしれませんが、株式会社などの法人は、肉体を持ちませんが法律上は人として扱われますので、法人との対比で自然人と呼ばれています。業者の多くは株式会社などの法人ですから、消費者契約の多くは、法人である事業者と自然人である消費者の間で締結される契約ということになります。

では、このような契約からトラブルが発生した場合、どのようなルールに従って解決されるのでしょうか。たとえば、代金を払ったのに業者が商品を送ってくれないとか、送ってきたけどホームページに書かれていた性能を備えていなかったとか、１回限りの契約だと思っていたのに定期購入契約になっていた、などの場合に、消費者を保護するためのルールが、多くの法令やガイドラインの形で存在しています。これらのルールは、私たちが消費者としての権利を適切に行使し、自立して生活するための基礎ですから、これらの内容をきちんと理解しておくことはとても大切です。そこで以下では、これらのルールの代表的なものとして、「民法」と「消費者契約法」という法律を見ていきましょう。

消費者契約における民法の役割

1　民法とは

　法律の数は星の数ほどありますが、大きく分けると、国や地方自治体と私たち市民の関係に適用される法律のグループと、私たち市民同士の関係に適用される法律のグループに分けられます。前者のグループに属する法律を「公法」といい、憲法や刑法などがこれに属します。たとえば、刑法は、国がわれわれ市民に対して、人を殺してはいけないというルールを課している法律です。公法のグループに属する法律については、原則として消費者契約には適用されませんので、以下では省略します。

　他方、後者のグループに属する法律を、「私法」といいます。ここにいう市民には、私たち消費者だけではなく、先にお話した事業者も含まれますので、事業者と消費者との間に適用される法律は、私法のグループに属します。そして、私法の中でいちばん基本になる法律が「民法」です。このことから、私たち消費者と業者の間で発生したトラブルは、原則として民法という

法律に定められたルールに従って解決されることになります。

そこで以下では、具体的な事例を挙げつつ、民法によってどのような消費者トラブルがどのようにして解決されるのかを見てみましょう。

2　民法が適用される消費者トラブル

> **設例 1**　会社員のＡさんは、通勤に使うために、自転車販売業者Ｂから新型の電動自転車を15万円で購入し、代金全額を先払いした。この自転車は、契約の１週間後にＡの自宅に配達される約束であった。

現代社会に生きる私たちは、衣食住のほとんどを契約によって他人から手に入れています。そのため、これらを手に入れる手段である売買契約は、日常生活を支えるという重要な意味を持っています。売買契約とは、「これを〇〇円で売ります」「その値段で買います」という合意によって成立する契約です（民法555条）。消費者である私たちは、**設例 1**のように、おもに買主の立場で売買契約を締結します。

売買契約が成立すると、その効力として、買主は売主に対して「目的物を引き渡せ」と請求できる権利を得ます。この買主の権利を、目的物引渡債権といいます。他方、売主は買主に対して「代金を支払え」と請求できる権利を取得します。この売主の権利を、代金債権といいます。なお、売主と買主は、それぞれ、これらの債権に対応する債務（債権に対応する義務を、「債務」といいます）として、目的物引渡債務と代金債務を負います。このように、債権を有する者を債権者、債務を負う者を債務者といいます。**設例 1**では、代金債権の債権者はＢで、これに対応する債務者はＡであり、目的物引渡債権の債権者はＡで、これに対応する債務者はＢです。そして売買契約の成立とともに、目的物の所有権、すなわち目的物を自由に使用・収益・処分できる権利も、ＢからＡに移ります。

売買契約に基づくこれらの債務は、通常は当事者によって自発的に実行さ

れます。この行為を「履行」といいます。しかし、何らかの理由で債務が適切に履行されないことがあり、この場合を「債務不履行」といいます。契約に基づく債務を守らなかったという場合ですので、一般には「契約違反」と言われますが、法律上は債務不履行と呼ばれることが多いので注意してください。以下では、どのような場合が債務不履行となるのか、そして、売主に債務不履行があった場合には買主にどのような救済手段が与えられるのかを見ていくことにしましょう。

3　債務不履行があった場合に民法によって認められる救済手段

（1）履行遅滞と遅延損害の損害賠償請求

> **設例 2**　先の例で、自転車販売業者Ｂは、Ａと契約した後、電動自転車をメーカーに発注するのを忘れていた。そのため、電動自転車がＡさんに配達されたのは、約束した配達期日の１カ月後だった。Ａはその間、電動自転車を通勤に使えなかったため、路線バスを利用してその運賃１万円を支出した。

設例 2では、売主Ｂが契約の１週間後にＡの自宅まで電動自転車を納品すると約束しておきながら発注を忘れ、約束した配達日期限までにこれを納品できていません。このように、債務が履行できるのに、履行するべき時（履行期といいます）を過ぎても債務者が債務を履行しない場合を、履行期に遅れているという意味で、「履行遅滞」といいます（民法412条）。

履行遅滞は、先に見た債務不履行の一類型です。この場合、Ａは、契約に基づく目的物の引渡請求権を持っていますから、Ｂに対して電動自転車を自分に引き渡すよう請求することができます。そして、ＢがＡからの引渡し請求に応じない場合には、Ａは裁判所の力を借りてその債務の内容を強制的に実現することもできます。これを「履行の強制」といいます（民法414条１項）。

また、Ｂの履行が遅れたことによってＡには１万円のバス代という経済的不利益が発生しています。そして、あとから遅れて電動自転車がＡに引き渡

されても、この不利益は回復されません。Bが合意どおりの日程で電動自転車をAに納品していれば、Aはバス代を出す必要はなかったはずです。

このように、債務の履行が遅れたことによってその相手方に経済的不利益が発生している場合、これを「遅延損害」といいます。この場合、債権者は、原則としてその賠償を債務者に請求することができます（民法415条1項本文）。例外的に債務者が「債務者の責めに帰することができない事由」による遅れだったことを明らかにして責任を免れる場合もありますが（民法415条1項ただし書）、これは不可抗力などの例外的な場合に限られます。

設例 2 にこのことをあてはめてみますと、次のようになります。Aがバス代の1万円をBに損害として賠償請求する場合、Bの履行が遅れたためにAに損害が生じたことだけを明らかにすれば足ります。逆にBが責任を免れるためには、「債務者の責めに帰することができない事由」による遅れだったことを証明しない限り、賠償責任を免れることはできません。この事例では納品遅延の原因はBの不注意ですから、これは「責めに帰することができない事由」に基づく遅延とは言えません。したがって、AのBに対する1万円の賠償請求は認められることになります。

（2）履行遅滞に基づく契約の解除

設例 3　Bは、契約から1カ月たっても電動自転車の発注を怠っていた。いつまでも納品してくれないBにしびれを切らしたAさんは、契約から1カ月後、「今後1週間のあいだに電動自転車を引渡してください」とBに通告したが、その時期に忙しかったBは、その期間が過ぎても電動自転車を納品しなかった。Aさんは、ずっとバスを使い続けるのは面倒なので、Bとの契約をやめて代金を返してもらい、他の店から同じ型の電動自転車を購入したいと考えている。

この場合、Bの履行遅滞によって、Aさんはずっと電動自転車を入手でき

ない状態に置かれています。もしＡさんがこの状態のまま他の業者から電動自転車を購入すると、後からＢが電動自転車を納品してきた場合には、Ａさんは同じ電動自転車を２台引き取らなければならないことになってしまいます。そこで、この場合のＡさんには、損害賠償請求とは別に、Ｂとの契約を一方的に解消する権利が認められており、これを契約の「解除」といいます。そして、この場合の権利を、「解除権」と呼びます(民法540条以下)。

　Ｂのように履行を遅滞している債務者に対し、債権者が相当の期間(債務を履行するのに通常必要な期間)を定めて履行してくれと促したにもかかわらず(この通知を履行の「催告」といいます)、その期間内に履行がなされない場合、原則として債権者に解除権が与えられることになります(民法541条本文)。

　設例 3 では、Ａは、履行を遅滞しているＢに対し、１週間の期限を定めて履行を求めており、これは電動自転車を引き渡すのに通常必要な期間として充分です。したがって、ＡはＢに対し、「○年○月○日にあなたと締結した電動自転車の売買契約を解除します」と通知すれば解除権を行使したことになり、Ｂとの売買契約を一方的に解消できることになります(民法540条、541条)。

　もっとも、期間を経過した時点での債務不履行が「その契約及び取引上の社会通念に照らして軽微であるとき」には、例外的に解除が認められない点に注意が必要です(民法541条ただし書)。たとえば、**設例 3** とは異なって、電動自転車本体は引き渡されているけれども、スペアキーの引渡しだけが遅れているという場合には、軽微な債務不履行ですから、解除が認められない可能性があります。

　解除権が行使された場合、契約は最初からなかったものと扱われます。したがって、ＡはＢに対し、支払った代金相当額(15万円)を返還しろと請求できます(民法545条１項本文)。あわせて、支払った時点からの利息も請求できます(民法545条２項)。このように、契約がなかった状態に戻す義務を、「原状回復義務」といいます。いわば、だめになった契約の後始末を行うための

義務です。

　なお、契約を解除しても、履行遅滞に基づく損害が発生している限り、別途、その賠償を請求することも可能です（民法545条4項）。Aさんは、契約を解除したうえで、**設例2**と同じく、それまでにバス代として支払った代金相当額の支払いを求めることも可能です。

　以上、買主である消費者を保護するための救済手段として、損害賠償と解除の制度を見てきました。これら2つの救済手段の相違点としては、損害賠償では債務者の債務不履行につき「責めに帰することができない事由」がある場合には債務者は賠償責任を免れる可能性がありますが、解除にはこのような免責はありません（民法541条、542条）。その結果、解除はできるけれども損害賠償請求は認められないという場合もありえます。

（3）履行不能と損害賠償および解除

> **設例4**　AさんがBから購入した電動自転車は、製造メーカーCが有名なアニメとコラボして特別な塗装を施した限定バージョンであった。この型の電動自転車は限定生産であったため、Bが発注するのを忘れている間に売り切れて入手不可能になってしまった。

　この場合、BがAさんに限定生産の電動自転車を引き渡す義務は、履行できなくなっています。このように、履行が不可能になってしまった場合の債務不履行を、「履行不能」と呼びます（民法412条の2第1項）。**設例4**は、契約を締結してから履行できなくなってしまった場合ですが、契約する前から履行できなかった場合（契約した時点で限定生産の電動自転車が売り切れて入手不可能だった場合）であっても同様です（民法412条の2第2項）。

　履行不能の場合、そもそも履行できないのですから、本来の履行を求めることはできません。そこでAさんは、引き渡されるはずだった電動自転車に代わる価値の賠償を請求することができます（民法415条2項1号）。Aのこの

権利を、「塡補賠償請求権」といいます。この場合、Aは、Bとの売買契約を解除することもできます（民法542条１項１号）。Aが契約を解除すれば、契約はなかったことになりますので、**設例 3** と同じく、Bは、Aが支払った代金相当額とこれについての利息の支払いを内容とする原状回復義務を負うことになります。

（４）契約不適合とその救済手段

> **設例 5**　Bは、合意した引渡し期日に電動自転車をAさんに引き渡した。その後Aさんは、しばらくこれを使って通勤していたが、引き渡された電動自転車には、バッテリーが充分に充電されないという問題があった。そこで、Aさんが別の業者に調べてもらったところ、バッテリーの初期不良であり、修理には３万円の費用が必要であることが判明した。

　期限までにいちおう履行されたけれども、目的物の種類・品質・数量が契約で決めた内容とは異なっていた場合を、「契約不適合」といいます（民法562条以下）。契約に適合しない履行という意味で、このように呼ばれています。契約不適合もまた、先に見た履行遅滞や履行不能と同じく、債務不履行の一種です。

　設例 5 では、バッテリーが通常の品質を備えておらず、予定された性能を発揮できていません。このように、目的物の実際の品質と契約で決めた内容が異なっていますから、契約不適合に該当します。この場合の買主には、以下に見る(1)〜(6)に従って救済手段が用意されています。

〈買主の追完請求権〉

　契約不適合の場合、まず、買主は売主に対し、あらためて契約に従った履行をするよう請求できます。これを買主の「追完請求」といいます。具体的には、対象となる債務の内容や性質に従い、目的物の修理を求めるか、代わりの物（「代替物」といいます）の引渡しを求めることになります。もちろん数量

不足の場合には、不足分の引渡しを請求することになります(民法562条)。

設例5では、追完方法として、バッテリーの修理が考えられます。また、同種のバッテリーが品切れで修理に時間がかかるような場合には、代替物(同じ形式の電動自転車)を引き渡せとの請求も可能です。これに対し売主は、買主に不相当な負担を課するものでない限り、買主が請求したのと異なる方法による履行の追完をすることもできます(民法562条ただし書)。たとえば、バッテリーを迅速に修理できるにもかかわらず、Aさんが同じ形式の新車を引き渡せと請求してきた場合には、Bは、バッテリーの修理による追完で対応することが可能です。

〈買主の代金減額請求権〉

追完請求権は、買主の救済手段として適切に機能しない場合があります。たとえば、買主が相当の期限を定めて追完してくれと催告したのに売主が追完しない場合や、修理も代わりの物の引渡しもできず追完が不可能であるという場合、あるいは追完してもらっても買主にとって意味がないという場合、売主が追完を明確に拒絶している場合などがこれにあたります。これらの場合、買主は、不適合の程度に応じて代金の減額を請求できます。この権利を、買主の「代金減額請求権」と呼びます(民法563条1項および2項各号)。

追完できない場合(民法563条2項1号)の例としては、その種のバッテリーに欠陥が発見されたため製造が中止されており修理ができない場合や、その種の電動自転車自体の製造がすでに終了しており代わりの物を入手できない場合などがありえます。また、追完に意味がない場合(民法563条2項3号)の例としては、競技大会に使うため特別仕様の自転車を発注したけれども、納品がその競技大会の日程に間に合わなかった場合などが考えられます。

設例5にこのことをあてはめてみますと、次のようになります。まず、Aが相当の期間を定めて修理するよう促したけれどもBが追完しない場合、Aは、代金減額請求権を行使できます。この場合、少なくとも修理費用相当額については代金が減額されますので、AはBに対し、支払った15万円のうち、修理費用相当額の3万円について返還を請求できることになります。

<h3>〈契約不適合と損害賠償請求および解除〉</h3>

　買主が追完請求や代金減額請求を行った場合でも、民法415条に基づく損害賠償請求や、民法541条および542条に基づく解除の要件を満たす限り、これらを行使することもできます(民法564条)。たとえば、**設例 5** において、Aは、Bに電動自転車の修理を請求することができますが(民法562条本文)、あわせて、修理のための相当な期間を定めて催告しても追完義務が履行されなかった場合、売買契約を解除することもできます(民541条本文)。また、追完が遅れたことによって遅延損害が生じている場合には、**設例 2** で示した枠組みに従ってその賠償請求もできます(民法415条 1 項本文)。

　設例 5 で追完義務が履行されずに売買契約が解除された場合には、原状回復義務として、AさんにはBに電動自転車を返還する義務、BにはAさんに代金相当額及び利息を返還する義務を負うことになります(民法545条 1 項、2 項)。

<h3>〈契約不適合に基づく権利行使の期間制限〉</h3>

　種類または品質について契約不適合の物が引き渡された場合に買主に与えられる上記の権利の行使期間には、一定の期間制限が設けられています。買主がその不適合を知った時から 1 年以内にその旨を売主に通知しなければ、その不適合を理由とする追完請求権、代金減額請求権、損害賠償請求権、解除権は行使できなくなります(民法566条本文)。

　設例 5 で、Aさんが修理業者に検査を依頼してバッテリーの不具合に気づいたのが2024年 7 月 1 日だったとすると、Aさんは、2025年の 7 月 1 日が過ぎるまでにこの不具合をBに通知する必要があります。もし通知しないままこの期間が過ぎると、Aさんは上記の諸権利を行使できなくなります。履行遅滞(**設例 2** および **設例 3**)や履行不能(**設例 4**)の場合の買主の権利は、原則として 5 年ないし10年間存続するのに対して(民法166条 1 項 1 号、2 号)、契約不適合に基づくこれらの権利はかなり短期間で行使できなくなりますので、消費者保護の観点からは問題があります。

　このように短期の権利行使制限期間が設けられている理由は、履行が終

わったという売主の期待を保護する必要があること、物の契約不適合の有無は短期間で判断が困難になることが多いため、早く法律関係を安定させる必要があることが理由です。もっとも、売主が物を引き渡す時点でその不適合を知っていたか、または重過失によって知らなかったときまで、売主を保護する必要はありません。したがって、この場合には、買主はこの期間経過後も権利を行使できます（民法566条ただし書）。

〈契約の取消し〉

> **設例 6**　Ａさんの弟である15歳のＤくんは、両親Ｅ・Ｆに黙ってＡさんの友人Ｇから電動自転車を２万円で購入した。その後Ｄくんは、電動自転車で通学中にトラックに轢かれかけたため怖くなり、Ｇとの売買契約をとりやめて代金を取り戻したいと考えている。

　Ｄくんのように、満18歳に満たない者を未成年者といいます（民法４条）。未成年者は、社会経験が少なく取引の能力が未熟であるため、通常は、父母が法律上の保護者（親権者といいます）として、子供の財産を管理するとともに、子供の法定代理人としての地位を有しています（民法818条各号および824条）。未成年者が父母の同意を得ずに契約した場合、その契約はいちおう有効ですが、未成年者本人と父母は、その契約を一方的に解消することができます（民法５条１項本文および同条３項）。この権利を、取消権といいます。取り消された場合、契約は最初から無効だったと扱われるので（取消しの遡及効といいます）、すでに契約に基づいて目的物が引き渡されたり代金が支払われたりしている場合、これをもとに戻す義務が生じます（民法121条、121条の２第１項）。この場合の義務を原状回復義務といい、**設例 3** において契約を解除した場合に生じる原状回復義務と似た性質を有しています。

　ＤくんはＧと契約したときに15歳であり、両親Ｅ・Ｆの同意も得ていなかったため、ＤくんとＥ・Ｆはそれぞれ、単独でＧとの契約を取り消せます。契約が取り消された場合、Ｇは代金３万円をＤくんに返還する義務を負

い、Ｄくんは電動自転車をＧに返還する義務を負います。この場合、電動自転車が使用によって中古になっていても、Ｄくんはこれをそのまま返せば足り、新品にして返す必要はありません（民法121条の２第３項）。このように、未成年者の原状回復義務は、取消しの時点で手元に残っている利益、これを現存利益といいますが、これだけを返還すれば足りるとされています。未成年者を保護するため、取消しをしやすくする趣旨です。

　なお、未成年者が成年であると偽ったり、両親の同意を得ていると述べるなどして相手方をだまして契約した場合、そのような未成年者は保護に値しないので、この場合は取消しはできません（民法21条）。

　未成年者以外にも、認知症や精神障害などによって取引能力が不充分な人が存在します。このような人については、家庭裁判所の審判を受けて保護者が付されたうえ、これらの者が締結した契約を一定の場合に取り消せる制度が用意されています。この制度を、制限行為能力制度といいます（民法４条〜21条）。これに該当する人は、取引能力の程度によって、被後見人、被保佐人、被補助人の３類型に分けられており、この３類型に未成年者を含めて、「制限行為能力者」と呼んでいます。制限行為能力制度に基づく取消しは、消費者の保護に重要な役割を果たしています。

　民法にはこのほかにも、重大な思い違いによって契約を締結した場合、だまされたり脅されたりして契約を締結した場合に契約を取り消すことができる制度が用意されており（民法95条、96条）、不本意な契約を締結した消費者を一定範囲で保護する役割を果たしています。また、上述した債務不履行に基づく損害賠償の制度以外にも、事業者の故意または過失によって消費者の権利が侵害された場合に、事業者に損害賠償義務を負わせる制度として、不法行為に基づく損害賠償制度（民法709条〜724条の２）があり、とりわけ事業者によって消費者の身体や生命が害された場合の消費者保護に一定の役割を果たしています。

〈契約の無効〉

> **設例 7**　会社員のＡさんが住んでいる地域は、大地震で長期にわたって停電が続いている。Ａさんには乳幼児がいるため、夜間照明などの必要性に迫られ、急遽、業者Ｂが販売していたソーラーパネルとバッテリーのセット商品を100万円で購入した。しかし購入後、使用前に改めてこのセット商品の一般的な価格を確認したところ、通常は10万円程度で販売されていることが判明した。

　契約の内容が、当事者の合意によって契約から排除できない条文(これを**強行法規**といいます)に違反する場合には、違反部分は無効です。たとえば**設例 6**で、ＤくんとＧが契約に際し、「この契約では民法５条２項に基づく取消権は使えないことにしよう」と合意していたとしても、この条文は強行法規なので当事者の合意では適用を排除できませんから、この合意は無効とされる結果、Ｄくんは契約を取り消すことができます。

　しかし、すべての不当な合意に対応する強行法規が用意されているわけではありません。そこで、個々の強行法規に違反していなくても、契約が「公の秩序又は善良の風俗」に反するときには、実質的に違法な行為として無効であると定める規定が存在しています(民法90条)。ここにいう「公の秩序」とは社会の基本的秩序、「善良の風俗」は社会の一般的道徳観念を意味します。公序良俗違反の契約は、社会的妥当性を欠きますので、取り消すまでもなく最初から無効です。

　公序良俗違反の契約にはいろいろな類型がありますが、**設例 7**のＡさんとＢの売買契約は、公序良俗違反の一類型である「暴利行為」に該当するとして、無効と評価されます。売主が目的物の代金をいくらにするかは原則として自由ですが、例外的に、相手方の窮迫、軽率、未経験に乗じて著しく過大な利益を得る契約は、暴利行為として同条に基づき無効とされるのです。**設例 7**では、ＢはＡさんの被災状態に乗じて、市場価格の10倍でセット商品を売却していますので、暴利行為の要件を満たすため無効です。したがっ

て、Ａさんはセット商品と引き換えに、代金として支払った100万円の返還をＢに求めることができます。

強行法規 法律の条文には、強行法規と任意法規の２種類があり、契約当事者の意思により条文と異なる効果を発生させることができるかどうかによって区別される。強行規定、任意規定ともいう。当事者の合意があってもそれを押しのけて常に適用される条文をを強行法規といい、当事者の合意があれば合意が優先して契約の内容になる条文を任意法規という。強行法規に違反する合意は無効である（民法91条の反対解釈）。

　たとえば、未成年者の取消権を定めた民法５条２項は強行法規なので、これを合意で排除することはできない。したがって、「この契約については、未成年であっても取消権を持たないことにしよう（民法５条２項を適用しないことにしよう）」と合意して、その旨を契約書に書いておいても無効である。これに対して、法定利率を年利３％と定める民法404条２項は任意法規なので、当事者がこれより高い利率を合意することは、別途、利息制限法に違反しない限り可能である。

消費者契約における消費者契約法の役割

1　なぜ民法だけではダメなのか

　先に見たように、民法には、債務不履行に基づく損害賠償や解除、制限行為能力制度や錯誤、詐欺、強迫に基づく取消しなど、消費者トラブルを解決するうえで役に立つ制度がいくつか用意されています。しかし、民法だけでは、消費者保護には必ずしも充分ではありません。なぜなら、事業者と消費者の間には大きな力の差があるため、実際の取引に際しては契約内容が事業者に有利になりやすいのですが、この不均衡を考慮したルールが民法の中に

はほとんど用意されていないからです。たとえば、事業者は、取引に関連する情報を広く収集して、自分に有利な契約内容をあらかじめ契約書などの形で一方的に用意しておくことが可能です。これに対し、消費者の情報収集力や分析力は事業者と比べると大きく劣っており、交渉力についても事業者とは格段の差があります。また、かりに充分な情報を与えられたとしても、消費者には若年者や高齢者のように情報の理解力が不充分な者も含まれていますし、ケガをしたり体調不良になったりして合理的な契約を締結できる状態にない場合も少なくありません。消費者に一般に見られるこのような性質が、「消費者の脆弱性」と表現されていることはすでに述べました。

そこで、事業者と消費者の間には上述したようなさまざまな不均衡があることを前提として、不当な契約から消費者を保護するため、2000年に「消費者契約法」が制定され、2001年4月1日から施行されました。その後、同法は、数度にわたって改正されており、以下のように、消費者保護を考えるうえで必要不可欠な法律になっています。

消費者契約法は、消費者と事業者との間には「情報の質及び量並びに交渉力」に格差があることを正面から認めたうえで、

① 事業者による不当な勧誘があった場合には消費者が契約を取り消せること（不当な勧誘の規制）
② 事業者が不当な契約条項を設けている場合にはこれを無効と評価すること（不当な契約内容の規制）
③ 内閣総理大臣が認定する一定の消費者団体に、消費者の被害の発生又は拡大を防止するための権限を与えること（適格消費者団体による差止請求制度）

の3点を定めています（同法1条）。以下では、これら3点の概要を順次確認していきましょう。

2　不当な勧誘の規制

　消費者契約法4条は、消費者契約を締結するに際し、事業者の一定の行為により消費者が「誤認」したり「困惑」したりした結果として契約が成立した場合や、事業者がわざと不相当に大量の物を買わせた場合には、消費者はその契約を取り消すことができるとしています。先に見たように、民法96条は、だまされたり脅されたりして契約した場合には契約を取り消すことができるとしていますが、実際には、消費者をだましたり脅したりして契約を締結させようとする事業者の意図を消費者が証明することは困難です。同法4条では、これらの意図が明らかではない場合でも取消しができるように配慮されているのです。

　同法4条にはさまざまな場合が定められていますが、契約締結後に、消費者が「こんなはずじゃなかったのに……」と後悔するような場合のいくつかは、同条によって契約を取り消すことができます。具体的には、事業者が以下のような言動を行った結果、消費者が思い違いをして、あるいは困惑して、契約の成立に至ったという場合です。なお、以下の叙述で、「」の中は事業者による典型的な不当勧誘の言葉、（　）の中は事業者の内心の声です。

① **不実告知**（同法4条1項1号）

　「このタイヤの溝はかなりすり減っているから交換しないと危険ですよ」（ホントはまだまだ使えるんだけどね）

② **断定的判断の提供**（同法4条1項2号）

　「この不動産は絶対値上がりしますよ」（確実に値上がりするんならオレが買うよ。けど、こう言っておきゃ信じて買うかもしれない）

③ **不利益事実の不告知**（4条2項）

　「この保険に換えたらガンの治療費もカバーされますからお得ですよ」
（60歳になったら保険料高くなるんだけどこれは黙っておこう）

④ **不退去(4条3項1号)**

「帰れって言われても、あなたが学習教材を買うまではここから帰らないよ」(もう一押しだ。粘ったら諦めて契約するだろう)

⑤ **退去妨害(4条3項2号)**

「帰るって言ってもダメだよ。あなたが学習教材を買うまでは営業所から帰さない」(ここから出さなければ、そのうち怖くなって契約するだろう)

⑥ **勧誘目的を隠した勧誘(4条3項3号)**

「キミ、芸能人になる気ある？　このビルの2階で写真撮らせてくれない？」(丸め込んで芸能人養成スクールに入学させてやろう。ビルの2階なら逃げにくいしね)

⑦ **連絡妨害(4条3項4号)**

「大人なんだから自分で決めてください、友達に電話なんかしないでね」(友達や家族に連絡されたらマズい)

⑧ **社会生活上の経験不足から生じる過大な不安へのつけ込み(同法4条3項5号)**

「この就職セミナーを受講しなかったら、いつまで経っても就職は決まらないよ」(こいつ、社会経験が乏しそうな学生だから、不安をあおれば契約しそうだな)

⑨ **デート商法(4条3項6号)**

「この着物、私に似合うかな。これを着てキミとデートしたいな」(付き合うつもりなんかないけど、気のあるそぶりをして提携している事業者の店で金を使わせよう)

⑩ **加齢又は心身の故障に基づく過大な不安へのつけ込み(同法4条3項7号)**

「ヒザの痛みは放っておくと歩けなくなりますよ。この○○○が入った食品を毎日食べれば大丈夫ですよ」(歩けなくなると脅して不安をあおれば、この健康食品を買うだろうな。効くかどうかわからないけどね)

⑪ **霊感商法(4条3項8号)**

「この壺を買わないと祟りがある」(この壺の原価は500円なんだが、こいつは怖がってるから100万円でも払うだろう)

⑫　**契約成立前の請求**（同法4条3項9号）

「お客さん、まだ契約してないって言うけど、もうあなたのためにトイレの故障箇所の修理にとりかかって交換用パッキンの袋も開けちゃったよ。ここまでやったんだから、代金は払ってもらわないと困る」（まだ契約はしてないけど、先に工事にとりかかったら強引に契約させられるだろう）

⑬　**契約成立前の事業者の行為と補償請求**（4条3項10号）

「お客さん、まだ契約してないって言うけど、あなたがドアの鍵が壊れて困ってるって言うからどこが壊れているか検査したんだよ。契約しなくても、検査料とここまでの出張費3万円は払ってもらうよ」（契約してないけど、とりあえずごちゃごちゃ言われる前に検査だけでもすませてしまって、検査料、出張料っていう名目で金を払わせてやろう。相手が折れて契約してくれたら、高額の修理費も請求できるからな）

⑭　**過量販売**（4条4項）

「おばあちゃん、この羽毛の布団は本当に高品質でお得ですよ。この際、来客用も含めて6セットぐらい買っておいてはどうですか。お子さんやお孫さんが来られたときに必要でしょう」（独居老人に羽毛布団6セットはもちろん多すぎるけど、うまく丸め込んでまとめて買わせよう）

以上のように、同法4条には14種類にも及ぶ不当勧誘類型が定められていますが、それぞれの類型ごとに、取消しを認めるための細かい条件が付加的に定められていますので、必ずしも使い勝手は良くありません。本来なら、「ウソを告げた場合」、「ちゃんと説明しなかった場合」、「消費者の不安につけ込んだ場合」のように、もっと柔軟で多くの事例に適用できるようなシンプルな条文が望ましいといえます。今後は、このように使いやすい条文に法改正していくべきでしょう。

なお、不当勧誘については、そんなものにだまされる消費者が悪いとか、ちゃんと調べない消費者にも落ち度がある、と考えて被害者救済に消極的な

人も少なくありません。一昔前までは、裁判官や弁護士の中にも、このように考える人がいました。しかし、このような価値判断は、結果として悪質な事業者のやりたい放題を助長することに繋がりかねません。いじめの場合に、いじめられるほうにも原因があるとする論法と同じです。そして、先に見たように、消費者の中には障害や疾病によって判断力が低下している人もいます。未成年者や高齢者のように、年齢による制約も避けられません。これらのことからすれば、誰でも安心して取引できる環境を作っていくことこそが今後の社会において重要であり、そのために幅広く不当勧誘を規制していく必要があることがわかります。

3　不当な契約内容の規制

次に、消費者契約法8条〜10条は、消費者の利益を不当に害する条項の全部または一部を無効にすることによって、不当な内容の契約から消費者を保護しています。以下では、これらの条文により無効とされる条項とその機能を順に見ていきましょう。なお、ここにいう「条項」は、必ずしも契約書に記載されている必要はなく、書面化されていない合意も含む概念です。

（1）事業者の損害賠償責任を免除ないし制限する条項

まず、事業者の損害賠償責任の全部を免除する条項、及び事業者に損害賠償責任の有無を決定する権限を与える条項は、当事者が合意したとしても無効です（消費者契約法8条1項1号、3号）。

たとえば、スポーツジムの利用契約書の中に、「この施設の利用に際して同施設内で生じた事故について、当社は一切の損害賠償責任を負いません」という条項が入っている場合、この条項は事業者の損害賠償責任の「全部」を免除する内容なので無効です。したがって、このような条項が**約款**などの形で設けられていても、壊れた用具を放置していたなどの事業者の不注意により利用者がケガをした際には、債務不履行（民法415条）または不法行為（民法709条以下）に基づき、利用者は事業者に対して、ケガの治療費や慰謝料など

の損害の賠償を請求できます。また、「当社が認めた場合に限り責任を負います」のように、事業者に賠償責任の有無を決定する権利を与える条項も無効です。

> **約款**　事業者が消費者に対して用いる定型的な契約条項のことをいう。普通取引約款ともいう。電気・ガス・水道、運輸・交通、保険・証券・金融、旅館・ホテル宿泊などで用いられる契約書がその例である。大量に行われる契約で、定型化された書式に細かい文字で印刷されているのが通常である。約款は事業者が一方的に作成するので、消費者にとって不利なものとなりやすいため、不当な契約条項の内容を法律により規制することが必要となる。消費者契約法以外にも、民法が「定型約款」に関する条文を設けている。
>
> 　定型約款とは、ある特定の者が不特定多数の者を相手方として行う取引であって、その内容の全部又は一部が画一的であることが合理的な「定型取引」において準備された条項の総体をいう（民法548条の２第１項）。

　事業者の契約不適合に基づく損害賠償責任(民法562条以下)についても、全部を免除する特約、及び事業者に当該責任の有無を決定する権利を与える条項は無効です。したがって、「商品を引き渡してから10日が経過した後は、当該商品に関するクレームを一切受けつけません」という条項は、事業者の契約不適合責任の全部を免除する内容なので無効です。

　ただし、事業者の損害賠償責任の「一部」だけを免除する条項の場合には、有効と評価される場合がありますので注意が必要です。たとえば、「当社の軽過失による履行の遅延によって生じた損害については、１万円の限度でのみ賠償に応じます」という条項は、単純な不注意によって生じた事業者の責任の一部だけを免除していますので、消費者に対して不当とはいえない限度で有効とされる余地があります。

　次に、事業者の損害賠償責任の一部だけを免除する条項であっても、事業者に故意または重過失がある場合にまでその損害賠償責任を制限している場

合には、やはり無効です(消費者契約法8条1項2号、4号)。たとえば、先に挙げた「当社による履行の遅延によって生じた損害については、いかなる場合であっても1万円の限度でのみ賠償に応じます」という条項は、事業者に故意または重過失があった場合、すなわち、わざと履行しなかった場合や重大な不注意により履行しなかった場合にまで責任を一部に制限していますので、事業者に故意または重過失がある限り無効です。したがって、事業者が忙しいからという理由で意図的に電動自転車の引渡しを遅らせたため買主である消費者に通勤用バス代2万円の損害が生じたという場合には、売買契約に際してこのような条項が定められていたとしても、2万円の賠償請求が可能です。

(2)消費者の解除権に関する条項

先に民法の 設例3 や 設例4 で見たように、事業者が契約に基づく債務を履行しない場合、消費者は民法542条ないし543条に基づいて契約を解除できるのが原則です。消費者の解除権は、相手方の債務不履行により不利益を被っている消費者が契約の拘束力から解放されるための重要な救済手段ですから、この場合の消費者の解除権をあらかじめ放棄させる条項や、事業者が消費者の解除権の有無を一方的に判断できる条項が定められていたとしても無効です(消費者契約法8条の2)。たとえば、「当社による商品の送付が履行期より遅延したとしても、消費者は本契約を解除できません」「当社が認めた場合に限り、買主は本契約を解除できます」という条項が定められていたとしても、消費者は民法541条ないし542条に定められた条件を満たせば、この契約を解除することができます。また、消費者が後見、保佐、補助開始の審判を受けたことだけを理由として事業者が契約を解除できるとする条項も、不当に制限行為能力者を害する条項として無効とされています(消費者契約法8条の3)。

（3）キャンセル料を定める条項

　ホテルの宿泊契約や旅行契約、各種学校の在学契約や結婚式場の利用契約などにおいて、いったん締結された消費者契約が、履行される前に消費者の側からキャンセルされることがあります。そこで事業者は、キャンセルによって生じる不利益を回避するため、契約の締結に際して、この場合の消費者に一定額のキャンセル料を請求するための条項を設けています。この場合の条項には、キャンセルによって事業者に生じる損害賠償額をあらかじめ定めておく条項と、損害賠償とは無関係に一定額の支払いを義務付ける条項の2種類があり、それぞれ損害賠償額の予定条項、違約金条項といいます。

　これらの条項に基づいて消費者に請求される合計金額が適切な範囲に留まっていればよいのですが、往々にして不当に高額なキャンセル料が定められています。そこで、これらの条項の効力については、これらの条項に基づく金額の合算額が、消費者からのキャンセルによってその事業者に生じるであろう「平均的な損害の額」を超える部分については無効とされます（消費者契約法9条1項1号）。

　たとえば、結婚式場の利用契約において、「利用者が式場利用日の30日前を過ぎてキャンセルする場合、利用料金の50％を違約金として支払っていただきます」という条項が存在し、その利用料金が100万円であったとしても、キャンセルによってその事業者に生じるであろう平均的な損害の額が10万円であれば、消費者は10万円だけを支払えば足り、これを超える部分である40万円を支払う必要はありません。この場合の平均的な損害の額の算定については必ずしも見解が一致していませんが、通常、利用の1カ月前ならば別の利用契約が締結される可能性が高いと思われますし、結婚式で用意される食材などは他に転用することもできますから、利用料金のすべてが平均的な損害と評価できないことは言うまでもありません。むしろ、ここにいう平均的な損害の額は、消費者のキャンセルによって無駄になった費用を中心に計算するべきであり、契約が履行されていれば得られたであろう儲けの分まで請求できるのは例外であると考えるべきでしょう。

また、その事業者に生じるであろう平均的な損害の額については、訴訟になれば消費者の側が証明しなければならないと解されていますが、これを消費者側が証明するのは困難なので、事業者には損害賠償の額の予定または違約金の算定根拠の概要を説明する努力義務[→015頁]が課せられています(消費者契約法9条2項)。しかし、この点の証明責任は事業者側にあると解すべきです。

　なお、消費者契約法9条では、消費者によるキャンセルについても、「解除」という用語が使われていますが、ここでは消費者からの一方的な解約を意味しますので、 設例 2 や 設例 3 のように相手方の債務不履行を理由とする解除とは性質が異なっている点に注意してください。

(4)消費者の金銭支払義務の履行が遅れた場合の条項

　消費者が銀行などの金融機関からお金を借りる場合、利息制限法によって、極端な高金利の合意部分は無効とされるとともに、借入金の返済が遅れた場合に金融機関が請求できる金額(遅延損害金といいます)の額についても制限が設けられています。しかし、利息制限法はお金を借りる契約(金銭消費貸借契約といいます)以外の契約に基づいて消費者が事業者に金銭の支払義務を負う場合には適用されませんので、この場合についても消費者を保護する必要があります。

　そこで、消費者契約法は、金銭消費貸借以外の契約に基づいて消費者が事業者に金銭を支払う義務を負う場合において、その支払いが遅れたことによる損害の額や違約金の額を不当に高額に定める条項についても、その効力を制限しています。すなわち、支払いが遅れている金銭については、その利率の上限が年14.6%に制限され、これらの条項によってこれより高い利率が定められている場合、年14.6%を超える部分は無効です(消費者契約法9条1項2号)。損害賠償額の予定条項と違約金条項の2つが定められている場合には、これらの条項に基づく金額の合算額が規制の対象になります。

　たとえば、家屋の賃貸借契約において、賃借人が家賃を滞納した場合には

年30％の遅延損害金を支払うとする条項が定められており、賃借人が家賃10万円を１年間滞納したとします。この場合、14.6％に相当する額を超える部分の条項は無効なので、賃借人が１年後に支払うべき違約金は１万4,600円だけです。

（5）不当に消費者の権利を制限したり消費者の義務を重くしたりする条項

消費者取引に一般的に適用されるルールによる場合に比べて、消費者の権利を制限したり消費者の義務を重くしたりする条項であって、**信義則**に反するほど消費者の利益を一方的に害する条項は無効です（消費者契約法10条）。

信義則　民法の基本原則の１つである「信義誠実の原則」の略称であり、人は、権利の行使や義務の履行に当たって、相手方から期待される信頼を裏切らないよう誠意をもって行動すべきである、との内容を有する（民法１条２項）。たとえば、タクシーの乗客が降車後に忘れ物がなかったか確認してほしいと連絡してきた場合、これに応じる義務が合意されていなかったとしても、信義則に基づいて一定の調査を行う義務が認められる場合がある。消費者契約法10条では、条項の不当性を判断する基準として信義則が用いられている。

先に見た消費者契約法８〜９条の規制対象は、消費者の特定の権利の制限や事業者の特定の義務の免除を対象とする条項のように、個別具体的な内容の条項を規制するものであったのに対し、消費者契約法10条は、消費者にとって特に不当な内容の条項を広く規制の対象としている点に特徴があります。この条文によって、さまざまな内容の不当な契約条項を、広く規制の対象とすることができるわけです。

本条の冒頭には、「消費者の不作為をもって当該消費者が新たな消費者契約の申込み又はその承諾の意思表示をしたものとみなす条項」が無効とされる例として挙げられていますが、これ以外にもさまざまな場合が考えられます。

たとえば、家屋の賃借人が家賃保証会社と締結する契約の中に、「家賃保証会社は、賃借人が支払を怠った賃料等及び変動費の合計額が賃料３カ月分以上に達したときは、無催告にて賃貸借契約を解除することができる」という条項が入っていた場合、この条項は消費者契約法８〜９条には違反していませんが、賃貸借契約の当事者ではない家賃保証会社は通常は賃貸借契約の解除権までは有しませんから、一般的なルールに比べて消費者の権利が制限されています。また、賃借人がその意に反して退去を余儀なくされる結果は信義則に反して消費者の利益を一方的に害すると評価できます。したがって、この条項は無効であり、賃貸借契約は存続していますから、賃借人は退去する必要性はありません。これ以外にも、「目的物を受領してから10日が経過した後は一不良品であっても交換に応じません」など、消費者の権利の行使期間を通常よりも短く定める条項や、事業者の証明責任を軽減したり消費者の証明責任を重くする契約条項、事業者からの解除の要件を緩和する条項など、さまざまな不当条項が本条の対象となる可能性があります。

　もっとも、本条についても、「法令中の公の秩序に関しない規定の適用による場合に比して消費者の権利を制限し又は消費者の義務を加重する消費者契約の条項」には、任意規定や判例法理以外にどのようなルールが含まれるのか、そして信義則に反して「消費者の利益を一方的に害する」とはどのような場合を指すのかが必ずしも明確ではないことなど、適用に際しての課題は少なくありません。今後は、さまざまな不当条項をこれに含めて規制できるように、わかりやすくシンプルな条文に変えていく必要があると思われます。

4　消費者団体訴訟制度

　消費者が事業者との取引で被害を受けた場合、個人で事業者を相手取って訴訟を提起し勝訴するのは、消費者と事業者の「情報の質及び量並びに交渉力の格差」に照らすとかなり困難ですし、これにかかる手間と時間、費用から見ても、多くの場合は割に合いません。そのため、消費者被害の多くは訴

訟にならないまま、被害者の泣き寝入りという形で終わっていることが多いと考えられます。

このような状況を受けて、2006年の法改正により消費者契約法に消費者団体訴訟制度が導入され、2007年6月から施行されています。その後、2013年には消費者裁判手続特例法が成立し、2016年10月から施行されています。消費者団体訴訟制度とは、内閣総理大臣が認定した消費者団体が、消費者のために事業者に対して訴訟などをすることができる制度であり、これには差止請求制度と被害回復制度の2つが含まれます。

まず、差止請求制度とは、消費者契約法4条〜10条に違反する事業者の行為、すなわち、事業者による不当な勧誘、不当な契約条項の使用、不当な表示行為などがあった場合に、「適格消費者団体」が不特定多数の消費者の利益を擁護するために、これらの行為を停止するよう事業者に求めることができる制度です（消費者契約法12条〜47条）。適格消費者団体とは、不特定多数の消費者の利益保護を目的として差止請求権を行使するのに必要な適格性を有する消費者団体として、内閣総理大臣の認定を受けた法人をいいます。2024年9月現在、全国で26団体がこの認定を受けて活動しています。

次に、被害回復制度とは、事業者の不当な行為によって多数の消費者に共通して被害が発生している場合に、「特定適格消費者団体」が、消費者に代わって損害の賠償を求めることができる制度です（消費者裁判手続特例法1条）。特定適格消費者団体とは、適格消費者団体のうち特にこの種の訴訟を遂行できると内閣総理大臣によって認定された法人をいいます。2024年9月現在、全国で4団体がこの認定を受けて活動しています。

現在、消費者団体訴訟制度は、従来の裁判では実現が難しかった被害の事前防止や多人数の少額被害事例における救済を実現できる制度として重要な役割を果たしており、着実に勝訴判決を積み重ねてきています。その重要性に照らし、消費者団体訴訟制度の対象となる事業者の行為は、2008年の法改正により、景品表示法と特定商取引法違反に拡大され、2013年の法改正では食品表示法違反の行為にも拡大されています。

このように、消費者団体訴訟制度は現在の消費者保護を考えるうえで無くてはならない制度なのですが、残念ながら、社会における知名度は必ずしも高くありません。むしろ、あまり知られていないと言っても過言ではありません。また、適格消費者団体、特定適格消費者団体の活動は、基本的に会費と寄附によって支えられていますので、経済的基盤が必ずしもしっかりしているわけでもありません。

　今後は、これらの団体を広く消費者層に認知してもらうとともに、財産的基礎をより確実にしていく必要があります。

　なお、これらの課題の解決策のひとつとして、2024年4月1日に、消費者庁によって「COCoLiS（消費者団体訴訟制度）ポータルサイト」が設置されています。COCOLisとは、消費者団体訴訟制度の英訳Consumer Organization Collective Litigation Systemの頭文字をとったものです。ここには、全国の適格消費者団体、特定適格消費者団体の従来の活動成果と現在の活動状況、およびこれらの団体が消費者保護に果たしている役割がわかりやすく解説されています（巻末資料のQRコードからアクセスしてください［→227頁］）。

2 章

消費者問題を解決するための
法律知識②—特定商取引法

特定商取引法とはどんな法律か

1 消費者契約法との違い

　特定商取引法(以下、「特商法」)の姿全体をつかむために、まず、これを消費者契約法と比較してみましょう。

　消費者契約法は、その名のとおり、「消費者」の「契約」についての法律です。さきほど見てきたとおり、契約当事者の一方が事業者であり、かつ、他方が消費者であるという「属性」に着目し、事業者に対して一般的に「こういうことをしてはダメ」「こういう条項を設定するのは良くない」という決まりを定め、事業者がその決まりに反した場合、消費者は望まない契約の効力から解放される場合がある、としていましたね。

　では、特商法は、消費者契約法とどう違うのでしょうか。大きく分けて、3つの違いがあります。

(1)「事業者—消費者」と「販売業者—顧客」

　まず1点目、特商法は、そもそも、当事者の「属性」に着目していません。事業者と消費者という構図のかわりに、販売業者(seller)または役務提供事業者(service provider)と、モノを買ったり、サービスを受けたりする顧客(customer)という構図になっています。ただし、顧客が「営業のために若しくは営業として」行う場合には適用除外となることがありますので(たとえ

ば、特商法26条）、特商法の適用があるケースと消費者契約法の適用がある
ケースは多くの場合重なりあいます。ただし、たとえば、NPO法人や社会
福祉法人が非収益事業として行っている場合や、個人事業主や営利企業で
あっても事業との関連性が希薄な取引である場合については、なお特商法の
適用があるとされ、その意味では、消費者契約法より適用範囲が広い場合が
あります。

（2）「契約」と「取引」

　2点目は、契約(contract)という言葉は、特商法の各章のタイトルには
まったく使われていません。その代わり、販売(sales)とか取引(transaction)
という言葉が使われています。つまり、販売事業者などの「行為」に着目した
規制であり、消費者契約法のように、顧客に対して「契約」から解放してあげ
ますよ、という民事的な効果を付与することを主眼としているわけではない
ということです。これは、1976年に旧訪問販売法として制定された際には、
当時横行していた百科事典の訪問販売やマルチ商法販売事業者などの悪質な
行為を取り締まるための法律(取締法規)として誕生した、という法律の成り
立ちとも深く関係しています。といっても、こんにちでは、無条件解除とい
う強力な民事的効果をもつクーリング・オフ制度が定められています。2004
年改正においては不実告知取消権、2008年改正においては過量販売解除権な
ど、近年では、顧客を契約から解放するための法律(私法法規)としての色彩
が強まり、消費者契約法の改正を牽引する役割も果たしています。

（3）「一般」と「特定」

　3点目は、特商法は、特定の(specified)商法が用いられるケースにしか適
用されないということです。これに対して、消費者契約法は、一般的に適用
され、適用される契約類型のしばりは基本的にはありません。

2　特定商取引法と消費者契約法の相互補完関係

　特定の取引にピンポイントで規制するのがその目的である点では、特商法は、もともと、取りこぼしの多い法律だといえます。

　悪質な商法は、日々進化しています。まさにイタチごっこのように規制の隙間を通り抜けていこうとして新たな手法を生み出すのです。もちろん、特商法も「隙間事案がある」として頻繁な改正が加えられ、「特定」の商法の範囲をどんどん増やしていくことによって、できるだけ、隙間からこぼれ落ちてしまう消費者被害を少なくしようとしています。しかしながら、これにはどうしても構造的な限界があり、その場合には、やはり、一般的に網をかける消費者契約法が活躍することになります。

　他方で、消費者契約法は、かぶせられる網は広いのですが、パンチ力に欠ける部分もあります。たとえば、不当勧誘規制などは、消費者が不当な勧誘を立証することに失敗してしまうと救済が困難になるケースがあります。そして、実際に、誰も目撃者がいないところで行われることが多い不当な勧誘行為は、通常、立証は容易ではありません。そんなときに、立証が不要で無条件解除ができるクーリング・オフ制度は、大変頼もしい制度なのです。

　このように、この2つの法律は、お互いの弱点を相互に補完し合っている関係にあるといえます。

特定商取引法の規制対象

1　攻撃的な販売

　特商法は、大きく分けて2つの類型の販売(sales)や取引(transaction)を規制対象としています。

　まずは、攻撃的な商法(sales)です。これは、訪問販売、訪問購入、電話勧

誘販売の３つです。

表1　攻撃的な商法

訪問販売	事業所外で、あるいは特定の方法（アポイントメントセールス、キャッチセールス）で事業所に呼び寄せてサービスや商品を売る商法（特商法２条１項）。
訪問購入	事業所外で、商品を買い取る商法。貴金属や着物の買取などがある（特商法58条の４）。
電話勧誘販売	相手方に電話をかけて、あるいは相手方に電話をかけさせてサービスや商品を売る商法（特商法２条３項）。

> **アポイントメントセールス**　店舗における販売であっても、特商法上の訪問販売にあたるとされる攻撃的勧誘形態が２つある。ひとつは、販売目的を告げずに（販売目的隠匿型）、もしくは他の者に比べて著しく有利な条件を提示して（有利条件提示型）店舗への来訪を要請するアポイントメントセールスである（特商法施行令１条１号）。もうひとつは、街頭などで呼び止めて店舗への来訪を要請するキャッチセールスである（特商法施行令１条２号）。なお、2016年改正でアポイントメントセールスの誘引方法として SNS が追加されている。

（１）攻撃性＝「不意打ち」であること

　ここでいう「攻撃的」というのは、必ずしも、暴力を振るったり、脅しつけたりする、という意味ではありません。お店以外の場所で、お客さんに対して「買ってください」「売ってください」と勧誘することや、電話で商品やサービスを売りつけること自体が、非常に攻撃的で危険性の高い行為なのです。

　私たちは、通常、モノを買ったり、サービスを受けたりするときは、みずから考えて行動します。たとえば、服を買う場合は、まず、どういう場面で着るのか、予算はいくらくらいにするのか、手持ちの服ではダメか、本当に必要なのか、素材はどこで生産されたものか、などを考えます。次に、どんな服が流行っているのかについての情報を探したり、また、実際に、お店に

行って試着したりします。その上で、その服を買うのか、それとも買うのをやめるのか、を考えることになります。もちろん、人によって、パッと決める人もいれば、なかなか慎重派の人もいるでしょう。ともかく、その人のペースで買う、というのが買い物の基本になります。

ところが、訪問販売(購入)や電話勧誘販売は、販売事業者の方からいきなり「これを買いませんか」「これを売りませんか」という勧誘がされることになります。そうすると、そもそも、元々ほしいのかどうかもよくわからないモノやサービスについて、ぜひほしい、という気持ちを起こさせるような勧誘が行われることになります。普通にやっていては、「そんなものは、いりません」ということになって、売れないからです。そのために、業者はありとあらゆる心理的なテクニックを用いることになります。売る方が、最初から最後まで主導権を握る、このことが「攻撃的」なのです。

さて、ロバート・B・チャルディーニ(社会行動研究会訳)『影響力の武器［新版］―人を動かす七つの原理』(誠信書房、2023年)という有名な本があります。これは、いわば詐欺師のテクニックを解説した本なのですが、そこでは、①返報性、②コミットメントと一貫性、③社会的証明、④好意、⑤権威、⑥希少性という6つの消費者心理が列挙されています。そして、詐欺的な商法が、これらをいかに利用しているかが、実例を挙げて克明に分析されています。詳しく説明する余地はありませんが、とてもおもしろい本ですので、ぜひ読んでみてください。訪問販売や電話勧誘販売では、このような心理を逆手にとった勧誘行為が行われがちなのです。

（2）レスキュー商法と消費者の心理

たとえば、最近、社会問題化している「レスキュー商法」を例にとってみましょう。

あなたは、夜中にトイレが詰まり流れなくなって困りました。インターネットで「トイレ　つまり」と検索します。一番上に出てきたサイトにアクセスします。そのサイトには「○○市水道局指定」と書いてあります。これが

「③社会的証明」「⑤権威」です。検索で一番上に出てきた業者で、しかも、○○市の指定業者なのだから、間違いはないであろう、と思うわけです。サイトには、ニコニコと笑っている女性の広告があり、「110番」「レスキュー」「まちの水道屋さん」という記載があったり、「料金1,000円～」と書いてあったりします。あるいは、キャンペーン中で「今なら出張料5,000円無料」との記載があります。これは「⑥希少性」です。あなたは、この幸運を逃すのはもったいないと思います。そして、電話します。そうすると、夜中にもかかわらず、業者がかけつけてくれます。まず、その親切さに、あなたは、「④好意」をもち、「①返報性」のルールに基づいて、せっかく駆けつけてくれた業者の「恩」に報いたくなります。そして、業者はまずは「トイレに薬剤を入れてみます。これは１万円です」と言います。あなたは、「あれ？　1,000円……じゃなかったっけ？」と思いつつも、「まあ１万円ならいいか」として、お願いすることにします。そうすると、薬剤ではダメで、業者は「次は機械で破砕をしてみます、これはプラス３万円です」と言います。あなたは、トイレに行けないのは困りますから、仕方なくお願いをします。しかし、それでも、直りません。業者は「これは難しいケースです。便器を取り外して、特別の高圧洗浄機をかけます。これはさらに15万円かかります」と言います。あなたは、「さすがにちょっとそれは高いのでは？」と思い始めます。業者は「ここでやめてもいいですが、やめても今までの合計４万円はいただきますよ。どうせ、いつか直さなければならないのですから今やってはどうですか」と言います。あなたは、「そうか、今やめてもお金がかかってしまうんだ……。単にお金が無駄になるのは嫌だ」と思って作業をお願いします。ところが、なおりません。業者は「やはりダメでした。便器の全交換になります。全部で50万円になります」と言いました。あなたは、困りましたが、自分がお願いした以上は、払うしかないと思って、50万円を払って便器を全交換してもらうことにしました。この一連の流れは、「②コミットメントと一貫性」の心理です。あなたは、１万円、３万円、そして15万円がまったくの無駄になってしまう、というのが耐えられないのです。なぜなら、最初から

自分が間違っていたことを認めることになるからです。この一貫性にしがみついて（＝コミットして）しまうと、あなたは、50万円どころか、100万円だって払ってしまうでしょう。

さて、このケースで、あなたは、いつならば、引き返せそうでしょうか？少し考えてみてください。

私は、とても途中で引き返せそうにありません。ましてや、高齢の人や若い人が、１人で家で業者と対峙している場面を想像してみてください。本当に「いりません、帰ってください」と言えるでしょうか？

また、司法研修所編『現代型民事紛争に関する実証的研究―現代型契約紛争(1)消費者紛争』(法曹会、2011年)という本があります。これは、消費者事件において消費者が陥りがちな心理について、裁判官に向けて書かれたものです。これもすごくいい本なのですが、そこでも「熟慮可能性モデル・精緻化見込みモデル」というものが紹介されています。それは、「個人の能力」と「動機づけ」という２つの要素のうち、どちらか一方が低下していると、人は他人からの勧誘に対して「熟慮」しないで判断してしまいがちである、ということです。訪問販売、電話勧誘販売は、これらのうち、どちらかが低下している状況で行われています。そのことを利用して、契約をすすめるのです。

このように、勧誘についての主導権を握った業者は、顧客の何倍も上手です。決して「よく考えましょう」とか「慎重に判断しましょう」などという「意思」では、太刀打ちできません。だからこそ、特商法という法律で、これを規制することが必要なのです。

2　幻惑的な取引

（1）「幻惑的」＝「よくわからないがなんだか良さそう」な取引

もう１つの類型は、幻惑的な取引です。特商法は、連鎖販売取引、業務提供誘引販売、特定継続的役務提供の３つの取引(transaction)を規制しています。

表2　幻惑的な取引

連鎖販売取引	相手方に「特定利益」をもらえますよと勧誘して「特定負担」をさせる……このしくみが連鎖的につながる取引。MLM（マルチレベルマーケティング）やマルチ商法とも呼ばれる。主に、以下の3つの類型がある（特商法33条）。 ①再販売型（仕入れて売る） ②受託販売型（代理店として売る） ③販売あっせん型（売買契約を媒介する）
業務提供誘引販売	相手方に「業務提供利益」をもらえますよと勧誘して「特定負担」をさせる（特商法51条）。 ・内職商法、モニター商法、アフィリエイトなど
特定継続的役務提供	相手方にある一定のサービス（指定役務）をある一定の期間（指定期間）・金額（指定金額）を超えて提供する（特商法41条）。 ・指定役務⇨①エステ、②語学の教授、③家庭教師など、④学習塾、⑤パソコン教室、⑥結婚相手紹介サービス、⑦美容医療（2017年施行令改正で追加） ・指定期間⇨①⑦のみ1カ月超、②〜⑥は2カ月超 ・指定金額⇨5万円超

　さて、幻惑的な取引とは、難しくて複雑な取引、でも、見てくれは魅力的な取引です。「一見してなんだかよくわからないな……。でも、なんだかよさそう」という取引のことです。

　ここでも、ひとつ、面白い本を紹介しましょう。オレン・バー＝ギル『消費者契約の法と行動経済学［法と経済学叢書XI］』（木鐸社、2017年）です。ここには、消費者は合理的だから、良いものと悪いものがあったら、良いものを選ぶはずだ、だから悪いものは市場で淘汰されるはずだ、という市場原理が必ずしも働かない局面があるとされています。これは、行動経済学の基本的な原理とも言えるものですが、それは、消費者が、完全に合理的ではなく、もともとバイアスがあるからなのです。そして、消費者のバイアスを利用するための簡単な方法として、「コスト先送り」と「契約の複雑化」の2つが常套テクニックとして紹介されています。クレジットカードや携帯電話の契約など、身近な契約が例にとられているので、わかりやすい本です。

　特商法の規制対象も、この2つを存分に利用した、見かけはとても魅力的な取引です。

（2）連鎖販売取引

　まず、連鎖販売取引は、いわゆるマルチ商法、MLM（マルチレベルマーケティング）のことです。「特定利益」が得られるということをうたい文句にして、何らかのサービスや商品の対価として「特定負担」を支払わせる、という取引が、再販売、委託販売、販売斡旋などの形を通じて、連鎖的に繋がっていくというものです。特定利益が得られる条件は「複雑」であり、実際に、どの程度販売活動をすればどの程度の利益が得られるのか、決して予測は容易ではありません。

（3）業務提供誘引販売

　次に、業務提供誘引販売は、仕事を紹介するという「業務提供利益」が得られることをうたい文句にして、やはり「特定負担」をさせるというものです。古くは内職商法、モニター商法などがありましたが、最近では、ウェブ上に広告や記事を載せれば収入が入るなどとしてアフィリエイトをすすめるものなどがあります。やはり、これについても、収益モデルなどが示されることがありますが、実際に、どの程度の作業をすればどの程度利益が得られるのかなどの予測は極めて難しいです。しかし、これも当初は魅力的な条件が提示されがちです。

（4）特定継続的役務提供

　そして、特定継続的役務提供です。これは、**表3** に示した7種類のサービスについて、一定の期間・金額を超える場合に適用があります。これも、やはり、長期の契約であるにもかかわらず、前もって、期待した効果が十分得られるかどうかわからない（しかし、消費者としては、大きな期待を寄せることが通常である）という特徴があります。

表3 特定継続的役務提供に該当するサービス

サービス	期間	金額
エステティック	1カ月超	
美容医療	1カ月超	
語学教室	2カ月超	
家庭教師	2カ月超	5万円超
学習塾	2カ月超	
パソコン教室	2カ月超	
結婚相手紹介サービス	2カ月超	

　この3つの契約類型は、消費者は、いずれも、その時点では予測がつかない利益や効果を期待して契約し、初期費用を負担するのですが、いずれの契約についても、業者の巧みな説明を聞いて「よくわからないけど、大丈夫」と思わされてしまいます。そして、「まぁ、もし、うまくいかなかったとしても、そのとき解約などを考えればいいや」というまさに「コスト先送り」の心理に陥っています。この魅力に抵抗するのは至難の業です。だから、特商法によって、これらを規制する必要があるのです。

3　通信販売

　もうひとつ、上のどちらにも分類がしにくいのですが、攻撃的・幻惑的、双方の観点からも極めて重要な類型があります。これが、通信販売という類型です。対面で契約するのではなく、購入者が、事業者が出した広告などを見て、郵便や電話、インターネットで申し込む契約が、それです。

　「通信販売」という用語はそれ自体すでに古めかしくなっていますが、近年、とくにインターネットでの商品販売が急速に広まるにつれ、この分野における規制の重要度は、飛躍的に大きくなっているといえます。

　この点は、「特定商取引法の未来」で触れます[→097頁]。

特定商取引法の規制内容

1 取締法規：これをやってはダメ

さて、先にも述べたとおり、特商法は、もともと取締法規だということでした。つまり、業者に「これをやってはダメ」という禁止や制限をするための法律なのです。

各商法の類型ごとに、まず、業者がやってはいけない「行為」、つまり禁止行為が列挙されています。

（1）不当勧誘規制

たとえば、不当な勧誘が行われがちな「攻撃的な販売」類型では、氏名を明らかにしないのはダメ、勧誘を受ける意思を確認しないのはダメ、法律で定められた契約書面を交付しないのはダメ、嘘の説明など不当な勧誘をしてはダメ、などがあります。

（2）広告規制

また、問題のある広告がなされがちな「幻惑的な取引」類型や通信販売では、不当勧誘規制に加え、広告・表示規制として、誇大広告の禁止、合理的根拠資料の提出などが定められています。

（3）義務違反のペナルティ

このように、特商法は、業者に義務を課します。そして、その違反があれば、業者に何らかのペナルティを与えるという内容が基本的な規制内容となっています。

具体的には、指示・行政処分[→153頁]があります。指示は、義務違反について業務改善の指示を行うものです。また、重大な義務違反や指示違反に対

しては、さらに重いペナルティとして、業務停止などの行政処分が課される
ことがあります。

また、義務違反については、同時に、刑事罰の対象となるものもあります。

2　私法法規：不当な契約からの解放

ところが、いまや、特商法の役割は、それだけにとどまりません。実は、
不当な契約からの解放を認める、というのも、重要な特商法の内容になって
います。

（1）クーリング・オフ

まず、なんといっても、消費者にとって一番重要で強力な武器は、クーリ
ング・オフです。

消費者は、契約書面の交付を受けた日から8日間（なお、連鎖販売取引と業
務提供誘引販売については、20日間とされています）以内に「解除する」との通知
を発信すれば、クーリング・オフといって、無条件・無理由で契約を解除で
きるというものです（通信販売を除く）。

表4　取引類型別のクーリング・オフ期間

取引形態	クーリング・オフ期間
訪問販売 訪問購入 電話勧誘販売 特定継続的役務提供	8日間
連鎖販売取引 業務提供誘引販売	20日間
通信販売	なし（ただし、法定返品権の制度あり）

（2）契約の取消し

そのほか、禁止されている不当な勧誘行為のなかでも、重要な点についての不実告知（事実と異なることを告げること）や不告知（事実を告げないこと）が

行われたときや、過量販売（通常必要な量以上の量の契約をさせたとき）をしたときには、消費者は、契約を取り消すことができる旨が定められています。

（３）中途解約の際の違約金などの上限設定

　また、とくに、幻惑的な取引である連鎖販売取引、業務提供誘引販売そして特定継続的役務提供については、さきほど紹介したとおり、取引を実際よりも魅力的に見せかける手法が使われがちです。ですので、消費者は、契約の途中で「やっぱり思っていたようにはいかなかったなぁ」と考えることが多いでしょう。そのときに「お金は返しません」ということでは意味がありません。そこで、特商法は、これらの類型については、中途解約の際の違約金や損害賠償予定の上限額を定め、消費者の中途解約を不当に妨げることのないようにしています。

特定商取引法の未来

1　消費生活相談の場で大活躍

　さて、特商法の対象とする取引と、その規制内容について、これまで見てきました。消費者契約法と比べてどうでしょうか。あまり変わらない印象を持つでしょうか？

　ところが、特商法は、実は、消費者契約法よりも圧倒的に使い勝手のよい法律として、とくに消費生活相談の場などで用いられています。もちろん弁護士としても、特商法が使えるなら使いたいという感覚を持っています。なぜなら、条文の解釈がはっきりとしており、使いやすいからです。また、（通信販売には残念ながらありませんが）クーリング・オフという手段が、無条件・無理由の解除ということで、武器として極めて使いやすいからです。

　このクーリング・オフをはじめとする特商法の民事的な救済手段は、今後

も変わらず、消費者の権利を守る切り札として、大活躍していくものと思われます。

2 課題：通信販売や電話勧誘販売、消費者契約法との関係

（1）弱点：インターネット時代に対応していない

ところで、特商法には、いくつか課題もあります。

とくに、遠隔地の相手方からの攻撃的な商法である通信販売、電話勧誘販売は、まだまだインターネット時代の業者の勧誘のあり方についていっていないところがあり、いわば、特商法の弱点になっています。

通信販売については、いわゆる「定期購入」商法などの問題が広がったことを受けて2021年に改正され、最終確認画面に販売条件などを明記し、誤認させるような記載をしてはならないという規制がなされましたが、その後も、通信販売をめぐる相談や被害は減っていない状況です。

さらに、インターネット上のサービスや商品の提供においては、いまやデジタルプラットフォーム（以下、「DPF」）が重要な当事者となっていますが、このようなDPFが介在した取引を想定した規制もできていないといった状況です。

また、電話勧誘販売に関していえば、通話を用いず、SNSのチャットやショートメッセージ機能を用いた勧誘は、本来、電話と同様に不意打ち的な効果をもたらしているはずですが、現状では「電話勧誘」には該当しないとされています。

要するに、実態に追いついていないのです。これらに関する実態に即した規制は急務であるといえます。

（2）消費者契約法との関係は

さて、消費者契約法の最近の改正、たとえば、霊感商法やデート商法の取消しを導入した改正などを見ますと、消費者契約法が、少し「特商法化」しているような印象を受けます。つまり、法文上、要件がかなり細かく定めら

れ、硬直的な内容になっています。ところが、これは、消費者契約法のあり方としては、本来的には、避けるべきではないかと思われます。なぜなら、消費者契約法は、消費者契約についての一般的な規律であって、特定の商法について規制するものではないからです。特商法は、あくまで生まれは取締法規であり、私法法規である消費者契約法が、特商法に引っ張られていき、双方の法律で似たような条文が並んでしまった現状は、少し考えものだ、とも感じられます。

　ただし、クーリング・オフなど、「消費者の意思」（要するに、だまされた、とか、間違えた、とかです）という要件を必要としない救済方法は、消費者契約法にも、どんどん導入を検討してよいものと思います。いわゆるつけこみ型勧誘などを含む「契約しない判断をさせない」タイプの不当勧誘は、「だまして契約させる」タイプの勧誘と異なり、誤認させた、すなわち「消費者の意思」を歪めた、とはただちには言いにくい場合が多いからです。

　なお、より大きな視点に立てば、これらも同じ消費者法であり、私法法規だとか、取締法規だとかは、ごく小さな話なのかもしれません。いま、消費者法がいくつもの法律に分かれているという状況は、必ずしも消費者被害を救済するために望ましいものではありません。どんなときにどんな法律が使えるのかについて、プロしかわからないというのは、やはり問題でしょう。今、垣根のない統一消費者法典を作ることを考えましょう、という動きもありますが、そういう意味では、お互いがお互いを引っ張っていきつつ、より良い消費者法を実現しながら、いつの日かひとつの法律になる、という日が来るのかもしれません。

3 章

消費者問題を解決するための法律知識③—決済

決済と消費者

　契約に関してトラブルが生じた場合、代金決済がまだ終わっていなければ、事業者から請求を受けたとしても、トラブルが解決するまでは支払いをしてはいけません。支払ってしまうと、支払った金銭を取り戻すことは簡単ではありません。ただ、すでに支払ってしまった場合には、その代金の返還を請求しなければなりません。事業者が倒産していたり、あるいはあくまで契約の正当性を主張したりする場合には、支払済みの代金の返還は容易には実現しないように思います。

　たとえば、コンビニで買った商品に問題があった場合、それをお店に持っていけば、普通、コンビニは支払った代金を返してくれます。法律的に言えば、契約が解約されたのですから、支払済みの金銭を事業者が得る法律的な根拠はなくなり、つまりは不当利得（民法703条以下）として返還の対象となるのです。お金と対象の物を契約した当初の状態に戻すことから、これを原状回復義務ともいいます（民法545条）。

　もっとも、今の消費者契約の決済は、そんな単純ではありません。コンビニでの決済でも、現金による支払いだけでなく、その場では現金のやり取りがないキャッシュレス決済という方法が用いられることが少なくないのです（**図表 1** 参照）。

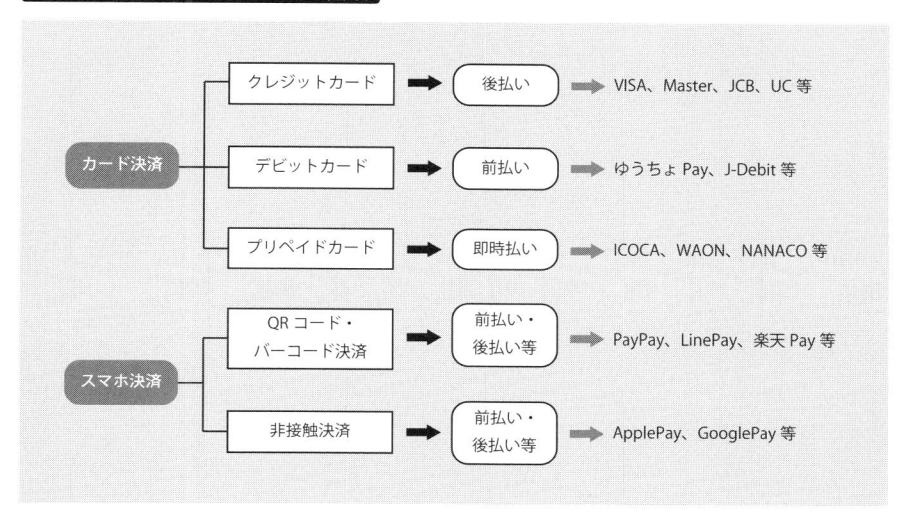

2023年の民間最終消費支出は322.4兆円だそうです。そのうちの39.3％がキャッシュレスで決済されているそうです。また、その種類別割合では、依然としてクレジットカードが多くを占めていますが、電子マネーやコード決済の割合も増えてきています（**図表 2** 参照）。

図表2 2023年のキャッシュレス決済の種類別内訳

種類	クレジット	デビット	電子マネー	コード決済	キャッシュレス合計
決算額	105.7兆円	3.7兆円	6.4兆円	10.9兆円	126.7兆円
比率	39.3%	2.9%	5.1%	8.6%	39.3%

※ 経済産業省「2023年のキャッシュレス決済比率を算出しました」（2024年 3 月29日）〈https://www.meti.go.jp/press/2023/03/20240329006/20240329006.html（2024年 6 月11日 最 終 閲覧）〉。

ある調査では、普段利用している決済手段は、現金が39.7％、クレジットカードが26.5％、QRやバーコード決済が17.6％、非接触型電子マネーが8.8％と、消費者の決済手段は多様化しています[1]。

　こうしたキャッシュレス決済の場合、コンビニに代金を支払っているのはそのキャッシュレス決済のサービスを提供している決済事業者です。クレジットで支払う契約のことを「立替払契約」ということがありますが、大部分のキャッシュレス決済は、消費者に代わって事業者が支払う、つまりは「立替払」なのです。そして、決済事業者への消費者からの支払いは、最終的には、銀行の預金口座からの引き落としによる場合がほとんどです。コンビニで買った商品の代金がキャッシュレスで支払われたならば、その決済は、決済事業者、金融機関など、複数の事業者が関与したかなり複雑な仕組みで機能しているのです。

クレジットカードでの決済をめぐって 何が問題になるのか

1　クレジットカード決済で購入した商品にトラブルが生じた場合

　キャッシュレス決済はカードだけでなく、スマホも利用できるなどさまざまな手段が使われるようになっています。ただ、代金決済はクレジットカードと紐づけられていることが少なくありません。ですので、まずはクレジットカードでの決済を例に説明します。

　クレジットカードでの決済を法律的に分析すると、三者間の契約によって決済が成り立っていることがわかります（**図表 3** 参照）。消費者は、カード加盟店である販売業者との間で売買契約を、カード会社とは会員契約に基づい

---

[1]　MMD研究所「2023年7月決済・金融サービスの利用動向調査」〈https://mmdlabo.jp/investigation/detail_2255.html（2024年7月25日最終閲覧）〉。

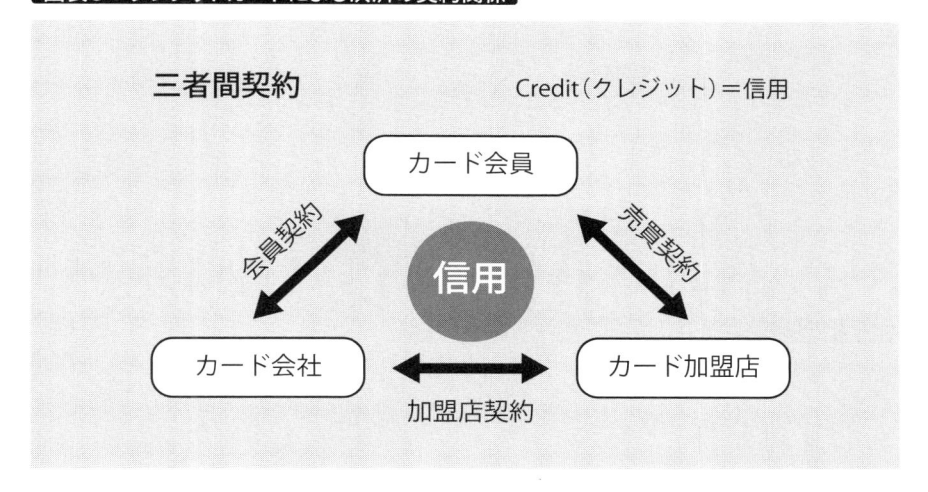

てその代金の決済を依頼する契約(立替払契約)を締結しているのです。

　この2つの契約がカード決済に際して締結されていることによって、少々、ややこしい事態が生ずることになります。たとえば、カードで買った商品の品質が悪いとか商品が引き渡されないとか何らかのトラブルが生じたとします。買主である消費者が販売業者と交渉をして、仮に、その契約をやめることができたとしましょう。でも、その商品の代金は、すでにカード会社が加盟店である販売業者に立て替えてしまったかもしれません。そうすると、カード会社は、もともとの売買契約がどうなろうと、立て替えて支払った代金については、消費者に支払いを求めてくることになります。

　実は、割賦販売法という法律があって、カード決済でも「分割払」が認められている信販会社系のカードであれば(正確には2カ月以上の期間の後払いであれば)、カード会社からの支払請求を拒むことができるとされていて、これを「抗弁権の対抗」(クレジットカードだと割賦販売法30条の4)と言います。ただ、すでに支払った代金の返還は、売買契約がクーリング・オフされた場合などに例外的に認められているに過ぎません。

　さらに、カードの決済方法でもっとも多い「翌月一括払い(マンスリークリ

ア）」の場合には、この抗弁権の対抗を主張することができません。割賦販売法でクレジットカードは「包括信用購入あっせん」として規定されているのですが、「2カ月以上の期間にわたる弁済」がその要件になっているからです。もちろん、カード会社は、決済対象の取引がトラブルになった場合には、チャージバックと言って、決済した代金相当額を翌月以降の決済額から除外して対応する場合があります。ただ、それはあくまでカード会社の自主的対応であって、法律的にチャージバックの請求ができるわけではありません。

図表4　クレジットカードでの決済のお金の流れ

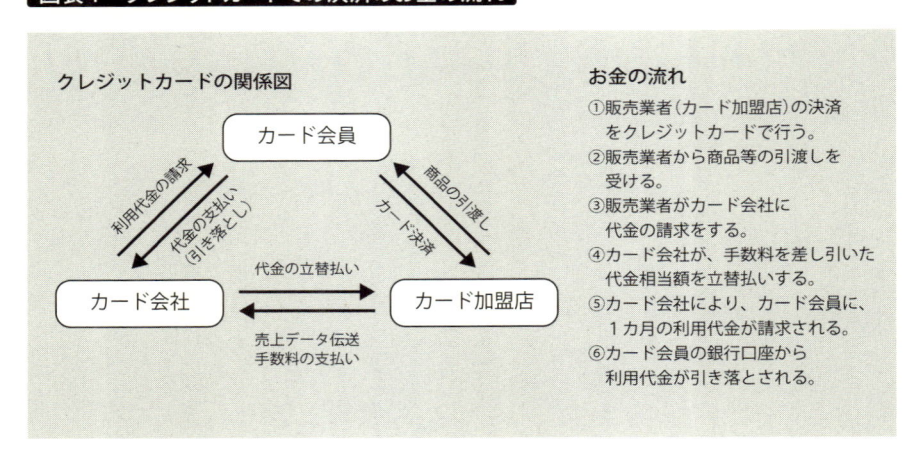

2 **クレジットカードの不正使用**

　キャッシュレス決済のもうひとつの心配が、カードや決済のためのスマホなどの不正使用です。たしかに、現金だって、財布を落とせば、返ってこないかもしれません。ただ、それは、財布に入っていた金額を諦めればすむ話です。ただ、カードなどを紛失した場合には、どれだけの額が不正使用されるのかはわかりません。仮に、利用限度額が定められていたとしても、複数枚のカードが使われると、かなりの金額を覚悟しなければならない可能性があるのです。

わが国の1年間のクレジットカードの不正使用額は、500億円を超えています。大変な金額ですが、それでも1年間のカード与信額が105兆7,272億円（2023年）あることを考えると、割合は0.05％に達していません。ただ、いくら割合が少ないからと言って、不正使用を心配するほどではないと言うことはできません。考えてみれば、たとえば50万円の不正使用がなされ、それを支払わねばならないとすると、消費者の生活は大変なことになるのです。

　ところで、クレジットカードの不正使用は、カード番号の盗用によるものが全体の約95％近くを占めています（**図表5** 参照）。2000年の割賦販売法の改正で、いわゆるカード番号等のカード識別情報による決済が認められました。この改正でクレジットカードをネット通販での決済に利用することが可能になりました。それは便利ではあるのですが、一方で、カードが盗まれていなくても、カード券面上に記載された番号、有効期限、名義人情報それに3または4桁のセキュリティコードをメモすれば、オンラインでの決済であればカードが利用できることになってしまいました。

図表5　クレジットカードの不正使用の現状（クレジット産業協会の資料から）

期間 （年）	不正使用 被害額 （億円）	不正使用被害額の内訳（単位：億円／割合：%）							
		偽造カード		番号盗用				その他	
		被害額	割合	被害額	国内	海外	割合	被害額	割合
2020	251.0	8.0	6.5	223.6	163.9	59.7	89.1	19.4	7.7
2021	330.1	1.5	0.5	311.7	235.2	76.5	94.4	16.9	5.1
2022	436.7	1.7	0.4	411.7	314.4	97.3	94.3	23.3	5.3
2023	540.9	3,1	0.6	504.7	374.0	130.7	93.3	33.1	6.1

※　一般社団法人日本クレジット協会「クレジットカード不正利用被害の発生状況〈https://www.j-credit.or.jp/information/statistics/download/toukei_03_g.pdf?a8=Vhfv-h6e1m0TdmZdQG0HmKZUHmoWuezvlG0TEHZaelCe1mfZlm7mPm0klYcipi7u3lRdA2fz3hfvss00000020151001%3Fa8（2024年6月10日最終閲覧）〉。

実は、キャッシュカードが不正使用された場合については、2006年に預金者保護法という法律ができて、ATMでの不正引出から30日以内に申し出れば、基本的には全額が補償されることになっています。ATMによる引出でなくても、金融機関は自主的に補償の対象としています。ところが、クレジットカードやその他のキャッシュレス決済の不正使用に関する法律はありません。法律がなければ、それは契約をした当事者間の合意、具体的にはカード約款に定められた条項が適用されることになります。

　クレジットカードの約款の規定も、それぞれ会社ごとに少しずつ違います。ただ、ほとんどの約款では次のように規定しています（**図表 6**の規定は「三井住友」カードの約款の規定です）。

　この規定からわかることは、カードが不正使用された場合、不正使用された金額について、カード会員である消費者に原則として支払義務があるということです。ただ、きちんとカード会社や警察に通知、届出をすれば（情報の紛失、盗難は通知で足りるようです）、カード会社が不正使用による損害を補償してくれます。ただ、会員の故意の場合（たとえば、知人が利用することを知りながらカードを貸与したような場合）には当然としても、たとえば、会員の家族や同居人が不正使用した場合にはカード会社はそれを補償してくれない、とされています。

　クレジットカードがオンラインでのアダルトサイト利用代金の決済に不正使用された事案に関する裁判例があります。長崎地裁佐世保支部の平成20年4月24日判決です。

　この事案では19歳の未成年者（当時は、未成年者は20歳未満でした）が、父親のクレジットカードのカード情報をメモし、それを使ってアダルトサイトにアクセスし、その利用代金が約300万円に達したという事件です。未成年者がアダルトサイトと締結した利用契約（情報提供契約？）に法定代理人である親の同意はありませんから、この契約が取消しの対象になることに争いはありません。ただ、この事案は、父親のクレジットカードを子どもが不正使用したわけですので、カード約款の規定では家族による不正使用に該当して免

図表6 「三井住友」カードの約款の規定

第13条（紛失・盗難、偽造）
1　カードもしくはカード情報またはチケット等が紛失・盗難・詐取・横領等（以下まとめて「紛失・盗難」という）により他人に不正利用された場合、本会員は、そのカードまたはカード情報の利用により発生するすべての債務について支払いの責を負うものとします。
2　会員は、カードもしくはカード情報またはチケット等が紛失・盗難にあった場合、速やかにその旨を当社に通知し、最寄警察署に届出るものとします。当社への通知は、改めて文書で届出ていただく場合があります。ただし、カード情報の紛失・盗難については、当社への通知で足りるものとします。
〈以下略〉

第14条（会員保障制度）
1　前条第1項の規定にかかわらず、当社は、会員が紛失・盗難により他人にカードもしくはカード情報またはチケット等を不正利用された場合であって、前条第2項に従い警察および当社への届出がなされたときは、これによって本会員が被るカードまたはチケット等の不正利用による損害をてん補します。
2　〈略〉
3　次の場合は、当社はてん補の責を負いません。なお、本項において会員の故意過失を明示的に記載しているものを除き、会員の故意過失は問わないものとします。
(1)　会員の故意または重大な過失に起因する損害
(2)　損害の発生が保障期間外の場合
(3)　会員の家族・同居人・当社から送付したカードまたはチケット等の受領の代理人による不正利用に起因する場合
(4)　会員が本条第4項の義務を怠った場合
(5)　紛失・盗難または被害状況の届けが虚偽であった場合
(6)　カードショッピング、キャッシングリボおよび海外キャッシュサービス取引等のうち暗証番号の入力を伴う取引についての損害（ただし、当社に登録されている暗証番号の管理について、会員に故意または過失がないと当社が認めた場合はこの限りではありません。）
〈以下略〉
※三井住友クレジットカードの約款から抜粋

責の対象ではなく、父親に支払義務はあるのではないかが問題になりました。裁判所は、会員によるカード識別情報の管理には限度があるとして、カード規約そのものは有効だとしつつ、カード会社は「本人確認のための追加情報の入力を要求するなど、不正使用を排除する方法を構築すべきであった」として、父親への代金相当額の請求を認めませんでした。本人確認のた

めの追加情報とは、たとえば「暗証番号」だとか、「指紋認証」や「顔認証」などの技術的な対応などが考えられます。

この判決は、とりわけオンラインなどの対面ではない決済の場面では、決済手段を提供する事業者に「本人確認」をする義務があることを明示しました。地裁の判決ではありますが、クレジットカードだけでなく、広くキャッシュレス決済に共通に問題となる重要な判決だと思います。

安心してキャッシュレス決済を利用するために必要なこと

どうやら、安全で安心なキャッシュレス決済を実現するためのキーワードが本人確認にあるようです。これは法律的な義務ですが、そのためにたとえば「指紋認証」や「二段階認証」など技術的にどのような対応が可能なのかも重要な点になります。クレジットカードに関しては、本人認証のための手段として、一定額以上の利用に際して暗証番号の入力を求めることが原則とされるようになっています。大手コンビニがキャッシュレス決済を導入したところ、二段階認証が不十分だったことから、短期間にかなりの不正使用がなされたこともありました(2019年7月1日「7pay不正アクセス被害」事件)。これも本人認証が不十分だったことから生じたトラブルにほかなりません。

きっと、本人確認のための追加情報の形は、これからの技術的な発展も相まって、より簡便で利用しやすい方法に変化していくはずです。もっとも、どのような技術的な対応がなされても、キャッシュレス決済の不正使用を完全に防止することはできないように思えます。だとすると、やはり不正使用がなされた場合の基本的な考え方を、キャッシュレス決済全体を視野に入れて、法律的に明確化しておくことも重要です。たとえば、アメリカでは電子決済について「50ドルルール」を定めています。消費者が、自己の決済手段を不正使用された場合、その責任額を法律で50ドルに限定しているのです。消費者からすると、不正使用された場合の責任額が明確になっていることで、

安心して電子決済(キャッシュレス決済)を利用することができることになります。決済に関しても、その利用をする消費者の視点で、よりわかりやすい責任分配を考える必要がわが国でも検討すべき時期にきているように思えます。

若者の夢につけ込む「オーディション商法」

　若者の夢につけ込む問題商法があります。ここで取り上げる「オーデション商法」は、その典型です。SNSなどを使ってアイドルのオーデションが開催される情報が提供されます。日頃からアイドルを夢見ている未成年者を含む若者は、そうした情報に敏感です。オーデションを受けると即日、合格になります。ただ、それはただちにアイドルになれるのではなく、芸能人養成学校に入学できるだけの話です。入学金や月謝の授業料が必要で、その支払いのために消費者金融が紹介されることもあります。学校には毎年、かなりの数のアイドル候補生が入学します。教育の仕組みや設備がその入学生を前提に整備されているようには思えません。実際、どれだけの若者がアイドルとしてデビューでき、活躍しているのかも不明です。夢破れて学校を退学しても、入学金は返金されません。若者には、相当に高額な授業料になってしまいます。その巧妙な仕組みと法律の対応を解説します。

事例 SNS で勧誘をされたオーディションと芸能人養成学校入学契約

　私は18歳の高校3年の女子学生（A さん）です。以前からアイドルになることを夢に思っていました。ネットで「アイドル　オーディション」と検索していたところ、A 芸能事務所がアイドルのオーディションを開催する旨が書かれた SNS が届きました。それをクリックしたところ、その事務所の Web の「オーディションのエントリー」ページが開きました。土曜日で学校も休みの日に無料で開催されていたので、エントリーページに必要事項を記載して、申し込みました。

　オーディションは、履歴書に基づく面接と簡単な歌とダンスのプレゼンが実

施されました。終了後、10分ほど待っていると、合格であることが通知されました。別室に案内され、「アイドルの養成のための契約書」と書かれた契約書に指示通りに名前と住所などを記載しました。私は、「これで近い将来にアイドルになれる」と思っていましたが、契約書をよく見るとアイドルになるためにＢ芸能事務所と提携関係のあるＣ芸能人養成学校に１年間、入学する契約であることに気がつきました。よくよく読むと、月謝が３万円、入学金が38万円、期間は１年間で、入学時期は適宜と書かれていました。

　38万円なんてお金を工面できないので「無理です」と言ったのですが、「アイドルになるチャンスなどめったにない」「もう契約書にサインしたのだから、頑張るしかない」などと説得されました。判断に迷っていたところ「入学金については、貸金業社を紹介することもできる」として、その場で、オンラインで借入の契約をしました。その後、コンビニのＡＴＭで38万円を引き出して、Ｂ芸能事務所に渡しました。その後、自宅に戻って契約書を確認すると、「中途で退学する場合にも、入学金38万円は返還できません」と書いてありました。

　翌日、電車で１時間弱かけて、都心にあるＣ芸能人養成学校を見に行きましたが、日曜だからかもしれませんが（Ｂ芸能事務所は日曜でも授業はやっているので、高校在学中からでも通えると言っていました）、閑散としていました。一方で、ネットで調べたら、その都心の学校だけで年間2,000名近い入学生がいることもわかりました。

　私は今、とっても後悔しています。この契約をやめて、入学金を返還してもらうことはできないのでしょうか。

オーディション商法の実態

1 誰のどんな契約か?

坂東 まず SNS でアイドルのオーデンションの勧誘を受けて、その後、芸能人養成学校の入学契約を締結してしまったという18歳の高校 3 年生の女子学生の A さんのトラブルについてご意見をいただきたいと思います。

　自分で「アイドル　オーディション」と検索をしたところ、芸能事務所から SNS でオーディションに勧誘されたという事例です。彼女は、アイドルオーディションで合格をして、これでアイドルになれると思って契約書にサインしました。ところが、その契約書の実際は芸能人養成学校に 1 年間通うという契約だったというのです。その芸能人養成学校に入学するには入学金が38万円かかるのですが、その38万円を高校 3 年生の女の子は払うことができません。でも、芸能人養成学校が紹介する金融業者との間で、言われるがまま、オンラインで金銭借入の契約を締結し、その後、ATMで引き出してお金を渡してしまったという事案です。最終的にこの女の子は後悔をして、この芸能人養成学校への入学をやめたいと思っているのですが、契約書の中に、「中途で退学する場合には、入学金38万円は返しません」という規定があったものですから、大変悩んでいるわけです。この事案を何らかの形で支援して解決できるのか、あるいはこれを解決するためにはどんな課題があるのでしょうか。まず何よりもこの18歳の女子学生の A さんが、どんな契約を締結したのかを考える必要があると思います。髙嶌さん、これはどんな契約をしたと考えたらいいんでしょうかね。

髙嶌 この場合にまず A さんと B の間でオーディションが実施されていますけど、これは無料のオーディション受験契約に基づいています。これが無料だから、A さんも最初にオーディションを受けてみようという気になったわけです。無料だと思ってオーディションを受けて合格した、これで何とかな

るかなと思っていたら、Ｂがさらに契約書を出してきた。その中身を見ると、ＡさんとＣという芸能人養成学校との間の入学契約だった、ということです。契約関係はそのように説明できますが、問題は芸能人養成学校の実態です。ちゃんと芸能人として養成してくれるのなら問題はない。けれども、実際には芸能人養成が目的じゃなくて、消費者からお金を集めるというビジネスとして行われているのではないかという疑いがある。こういう形のビジネスを一般的にはオーディション商法と呼んで、国民生活センターや政府広報でも注意が喚起されています。

2 入口と出口が違う

坂東 住田さんからはこういった事案について、契約に関する考え方も含めてコメントはありますか。

住田 このオーディション商法もまさにそうなんですが、入口で説明される契約内容と、実際に契約される最終の契約が違うってことが頻繁にあるのが、この種のSNSを契機とする商法のひとつの特徴ではないかなと思います。この件も、最初から、「アイドルになるための学校に入りませんか、入学金は38万円ですよ」って言ったら、多分、この人は応募していないと思うのですよね。それをあえて隠してやっていくと。話が進むうちに、「あれ？ 私、こんな契約をするつもりだったかな……」ということが、しばしばあるように思います。

情報商材とか、今よく売られているものもそうですよね。副業で儲かります、たとえば、「１日15分作業するだけでお小遣いは手に入りますよ」「無料ですよ」という勧誘を受けて、「本当ですか！」ということで、そこに申し込んでみると、その副業をサポートしてあげるという業務委託契約を何十万円で結ぶということになっています。「最初はこんなんじゃなかったのにな……」というケースばかりです。入口と出口が異なるっていうのは、対面での契約とは違う隔地者間の契約、特にインターネットを通じて起こる消費者被害の特徴ではないかなという気がします。入口と出口、つまり、契約をし

たときの思いと実際の契約内容とで違ってくるのが消費者問題の典型で、それが事業者によって実は最初から組み込まれているという取引なのでしょうね。さっき髙嶌さんが、結局はお金を集めるための商法じゃないかという指摘をされていましたが、結局そういうことですよね。

坂東　ちゃんとした内容の契約であれば最初からその内容を明示して勧誘したらいいわけなんです。けれども、本件のようなオーディション商法の場合には、芸能人養成学校といっても本当にちゃんと学校として機能しているのかがかなり疑わしい。たとえば、入学した人も半数以上が1年間でやめているとか、定員が定められていないとか、実際に教育が適切になされているのかも疑わしい。内容が疑わしいから勧誘行為が適切に行われない。疑わしい内容を隠すために勧誘についても重要なことを隠すとか、あるいは逆にまったく事実でないことを告げる、といった勧誘の問題点もあわせて出てくる。勧誘もおかしいし、契約内容もおかしいわけです。実はこの事案にはモデルがあって、今、裁判が継続中なんですが、髙嶌さんがその事件の判例評論を執筆中だと思いますが、何かコメントありますか。

髙嶌　裁判になった事案でも、入学者は1年の間に半分くらいの人がやめています。一番の問題は、とりあえず入学金などの諸費用の支払いを請求されることでしょう。授業料は月謝制なので、途中で解約しても実損はあまりないのですが、払い込んだ入学金などの諸費用は一切返金しませんという契約内容になっています。しかも入学金等諸費用の方が、1年分の授業料よりも高いというかなりいびつな契約内容になっています。

3　SNSをきっかけとする消費者トラブル

坂東　先ほど住田さんからもお話がありましたが、最近の消費者トラブルのひとつの特色として、契約のきっかけがSNSから始まっているということが相当数あるようです。SNSをきっかけとする消費者トラブルが増加しているという点について、お2人からご意見を聞きたいなと思うのですが、住田さんから、気をつけなければいけないことも含めて、ご意見をうかがえれ

ばと思います。

住田　SNSをきっかけとするトラブルは、非常に多くあります。代表的なデジタルプラットフォーム（以下、「DPF」）名を挙げるとLINEですけれども、これに限らずInstagramなど、あらゆる有名な大手のSNSをきっかけにしていることが非常に多いと思います。かつての消費者被害は、SNS自体が存在しないわけですから、電話勧誘販売にしても訪問販売にしても、商機、商売のきっかけとしては電話をするか、会うか、要するにこの2択だったわけです。SNSは、それらのツールよりもやっぱり気軽なんですよね。

　私たちにとっても、たとえば、電話をするとなるとなんだかめんどくさいな、と思うわけです。電話を受け取るのも同じですけれども、SNSだと何となくカジュアルにコミュニケーションが取れるわけですね。さらに、SNSはもちろん大手のDPFが媒介しているわけなので、何となく信頼できるような雰囲気もあると。まさかSNSの向こう側にいる人が何か私に対して悪い意図を持っているのではないか、という疑いも持ちにくい。スマホの画面なんかも、SNSの画面はファンシーで明るくて、文字もゴシック体などでソフトな感じがするわけですよね。どんな悪い人が書いていても、優しい文章ができるわけですね。そういう意味でも、電話や訪問とえらい違いがあるわけです。そういう意味では消費者に油断させるという心理的効果が大きいのではないかと思います。そこをまさに狙っているのが、SNSを利用した悪質商法ではないかなと思います。

坂東　髙嶌さん、続けてどうですか。

髙嶌　消費者トラブルのきっかけがインターネット、特に**ターゲティング広告**とかSNSであるということは、統計的にもはっきり出ています。国民生活センターという消費者保護に重要な機能を果たしている国の機関（独立行政法人）があるのですけど [→018頁]、そこの統計ですと、SNSをきっかけとした消費者トラブルは、2019で年2万2,500件くらいだったのが、2022年にはもう6万件になっています（**図1**参照）。数年で2.5倍くらいになっているというのが現状ですよね。消費者からしたら、Aさんもそうだけど、何でこん

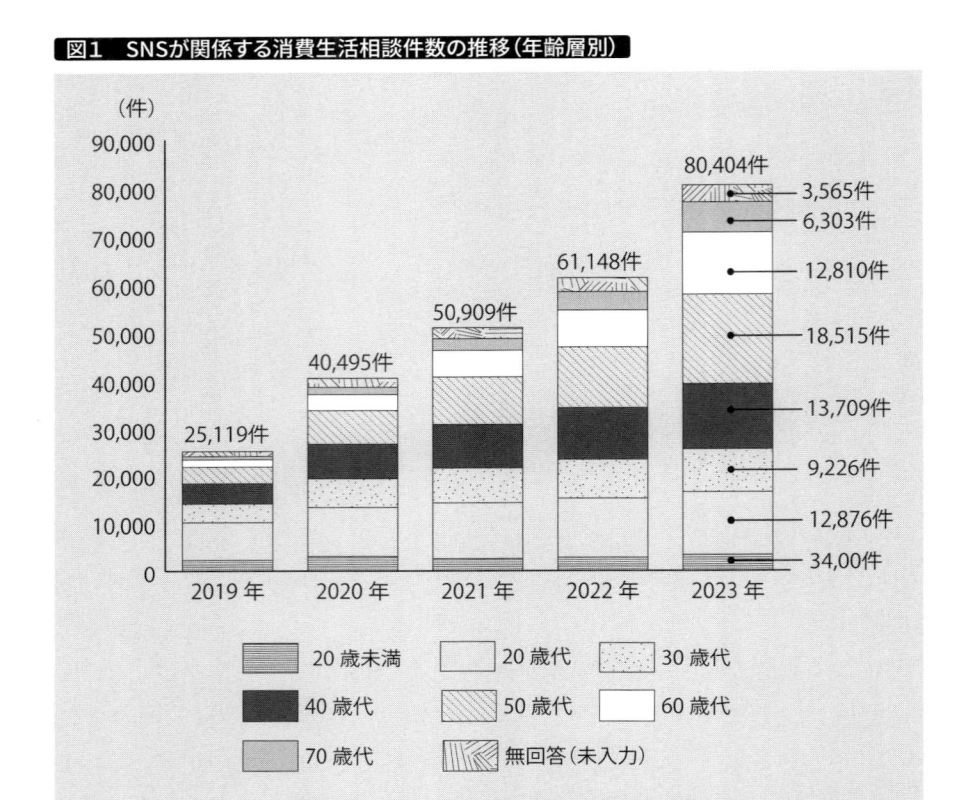

図1　SNSが関係する消費生活相談件数の推移（年齢層別）

（件）

- 3,565件
- 6,303件
- 12,810件
- 18,515件
- 13,709件
- 9,226件
- 12,876件
- 34,00件

80,404件
61,148件
50,909件
40,495件
25,119件

2019年　2020年　2021年　2022年　2023年

凡例：
- 20歳未満
- 20歳代
- 30歳代
- 40歳代
- 50歳代
- 60歳代
- 70歳代
- 無回答（未入力）

（備考）P10-NETに登録された消費者生活相談情報のうち、「SNS」が関係する相談の件数（2024年3月31日までの登録分）。

※　消費者庁「令和6年度消費者白書」33頁をもとに作成。

な契約に引き込まれたのだろうと後で思うことはかなりあると思うのですけれども、これはやっぱり SNS をうまく使った勧誘がシステム化して、広く機能をしているということでしょうね。だから、これだけ数も増えているわけです。美容医療なんかが典型ですけれども。最初に「私、もっと綺麗になりたい」ということで、たとえば、「脱毛」と検索すると、自動的に検索システムの上の方にいろいろな美容クリニックが出てきますよね。そして、美容クリニックのホームページにいろいろな SNS のアドレスが書いてあって、

SNSに登録しておいたら何かお得なクーポンがもらえますよとか書いてあるから、ついつい登録してしまうわけですよね。SNSに登録すると個別にダイレクトメールが来て、いつの間にか引き込まれてしまう。これはやっぱりね、個人の欲望とか、あるいは窮状、困った状態、これを持っている消費者を、ネットを使って探し出して勧誘するシステムがもうできあがっているということですよね。新聞広告とかビラみたいに、すべての人に見てもらう意味があるんだという状況自体がまったく変わっていって、興味を持つ人、欲望を持っている人、窮状にある人に対して、的確に勧誘まで繋げていく。そういうシステムがすでにできあがっています。今、このシステムが詐欺的商法にも悪用されているというのが現状です。

> **ターゲティング広告**　広告閲覧者の属性や行動履歴などを分析し、条件を設定したうえで広告を配信する手法のことであり、従来型の広告よりも、閲覧者の意思形成に寄与する度合いが高い。「広告」と「勧誘」を峻別しないクロレラチラシ事件の最高裁平成29年1月24日判決によれば、ターゲティング広告は、消費者契約法その他の法律の「勧誘」にあたると見る余地がある。

坂東　髙嶌さんのお話の中で、SNSの情報提供は広告なんだけども実は具体的な勧誘ではないかという指摘がありました。これは、とても大切な指摘だと思います。

　少しだけ私から追加すると、SNSという情報は反対側にいる人が本当はどんな人かということが実はよく見えません。たとえば、悪質な詐欺的な取引では、インフルエンサーと繋がれるという名目でSNSに登録したら、インフルエンサーの名前を語った別の人がさまざまな情報を提供しているわけです。リアルとは違って相手方の顔が見えない、相手が一体誰なのかということをネット上で確認することはできないわけです。ただ一方で、先ほど住田さんがおっしゃったように私達はいつの間にかSNSを気軽に手軽に、しかもある程度の信用をしながら使っているという現実があります。そして、その

ギャップにつけ込んでくる悪質業者がいて、不確かだけど信用してしまうというSNSに対する私達の感覚は、費用がかからないということを含めて、良い宣伝の手段なんだろうと思います。すると、SNSを取引の場面でどうやってコントロールしていくのかということが重要なポイントであることは間違いありません。2024年10月1日からは、景品表示法の告示の改正によって、SNSによる情報提供についても、それが事業者に指示された場合は、広告だとかPRだとか、そういった表示をしなければいけないことになりました。SNSで提供される情報が一体どういう情報なのかをわかりやすく伝えていくという仕組みをこれからも考えていかなければいけないのでしょうね。

住田 補足ですけども、SNSにおける相手方をどのくらい信頼できるかということはすごく面白い統計があります（**図2**参照）。消費者庁が2018年、つまり、まだ今よりはまだまだSNSが普及していない時期なのですけれど、「若者の消費者被害の心理的要因からの分析に係る検討会」を発足させて、とくに、社会心理学、行動経済学の研究者を入れていろんな側面から検討していて、とても面白いのです。

　その検討会で、「SNSの相手方がどのぐらい信頼できますか」というのを若年者にアンケートをとって、その結果はかなり私にとっては衝撃的だったのですけれど、直接会ったことのない人でも何度かSNS上でやり取りをすれば、相手が信用できるかどうかは、「大抵わかると思う」と答えた割合は「とても当てはまる」と「やや当てはまる」を含めると約19%なんですね。5人に1人は、まったく会ったことがないのに何度かSNSでやり取りをすれば、信頼できる、わかるって答えているのです。これ、かなり、詐欺業者にとっては美味しい情報ですよね。5人に1人は自分のことを信頼してくれる可能性がある、っていうのは、かなり効率が良いです。そういう意味では、私が悪質業者だったら電話とか訪問よりもSNSを使うなと思いました。こういうデータを見ると、若者への啓発が非常に大事だなと思います。

坂東 消費者問題とはちょっと違うのですが、今、闇バイトが社会問題になっています。若者を中心に、バイトと称して犯罪に手を貸してしまう。

図2　何度かSNSでやり取りすれば、相手が信頼できるかはたいていわかると思う

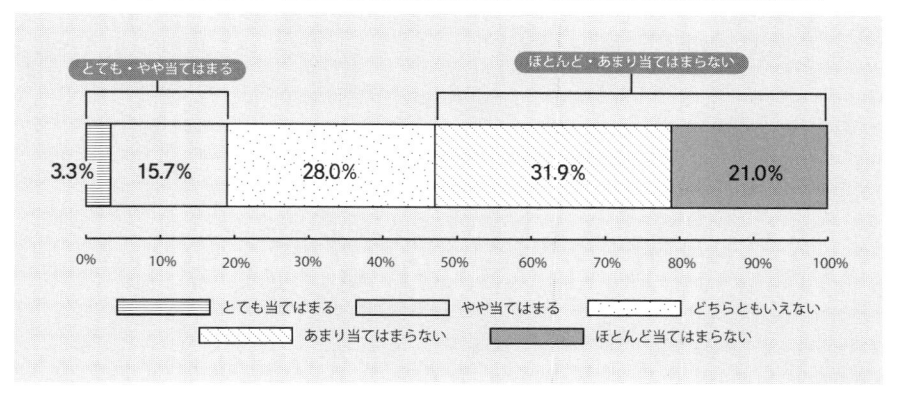

※　消費者庁ウェブサイト「若者の消費者被害の心理的要因からの分析に係る検討会報告書」120頁
〈https://www.caa.go.jp/future/project/project_001/pdf/project_001_180831_0001.pdf
（2024年9月2日最終閲覧）〉をもとに作成。

2023年10月10日にＺ世代の闇バイト実態調査をある会社がやっていて、大学生の1,800名くらいの調査がなされています[1]。まず、闇バイトに勧誘されたことがあると答えた方が約4割いる。その勧誘の手段の約9割がSNSだと回答しています。今、若者にトラブルが生じるさまざまな問題のきっかけは、SNSなのです。消費者法がSNSをどう考えるのかは大切な課題なのではないかなと思います。

　ところでですね、先ほど髙嶌さんからSNSは広告ではなくて、勧誘そのものではないかというご指摘がありました。そうすると、この事案の解決に特定商取引法（以下、「特商法」）を活用できないかということが問題になりうると思います。どうやらこの事例では契約を締結してから期間があまり経ってないようですので、消費者の被害救済についてクーリング・オフを適用できないかと考えてしまいます。クーリング・オフを使うためには、この取引が特商法で規制されている何かの取引類型に該当しなければいけないわけで

1　株式会社ペンマーク「Ｚ世代の闇バイト実態調査—大学生の約4割が闇バイトに勧誘された経験あり」（2023年10月10日）〈https://corp.penmark.jp/news/20231012（2024年9月2日最終閲覧）〉。

す。ちょっと考えると、これはたとえば一種のアポイントメントセールス[→088頁]みたいな話ではないか。消費者に登録をさせているのだけど、SNSで勧誘しているわけなので、電話勧誘と言ってもいいのではないかという気がするのですが、このあたりはどうでしょうか。特商法を使える余地はありそうですかね、ご意見いただければと思います。

特定商取引法を使う

1 訪問販売、電話勧誘販売にあたるか

住田 まず、このオーディション会場がどこかというところが気になりますね。問題例には、その会場は、会社の営業所なのか、それともたとえば別途、会議室やホールなどを借りているのか、ちょっとわからなかったんですけども。仮に、営業所外のオーディション会場であれば、おそらくこれは訪問販売になりますね。とくにアポイントメントセールスかどうかを考えなくても、訪問販売になります。

また、仮に、事務所の一室であるということであれば、営業所での取引ということになるので、これに関しては、アポイントメントセールスに該当するかどうかが問題になってくると思います。特商法の施行令と施行規則が問題になってくるわけですけども、「受信する者を特定し情報伝達するために用いられる電気通信」を送信して行われたケースであれば、アポイントメントセールスにあたる。つまり、「オーディションをやります、検討してください」という連絡をしておきながら、「実はアイドルの学校に入るための契約を勧誘したいということを本当の真の目的として持ってるんですよ」ということをそこでは告げていないわけです。そうすると、アポイントメントセールスの中でも目的隠匿型の方ですね。それで、これは訪問販売にあたるということでクーリング・オフの対象になると言えるのではないでしょうか。

また、電話勧誘については、SNS自体は、電話ではないわけです。そうすると、業者から電話があって、「オーディションがあるんだけど来ないか」と勧誘を受けて、それに応じたのであれば電話勧誘販売にあたる余地はあると思うのですが、現行法では、電話でない限りは、電話勧誘該当性というのはなかなか厳しいという結論になってしまうのかな。ただ、消費者委員会で2023年の夏くらいに、「そもそもSNSでのチャットは電話並のものとして扱うべきなんじゃないですか」という議論がされていたので[2]、おそらく、改正の議論の中で、電話勧誘に該当する場合に関する定義を拡大する、具体的にはSNSの中でも個別メッセージ性の強いチャットについては、電話と同様に勧誘の契機としては規制すべきであるという議論が出てくるのではないかと思います。

2　クーリング・オフの主張は可能か

坂東　なるほど。クーリング・オフの主張が可能なのかどうかも書面を確認しないと確実なことは言えないのですが、こんな契約ですから、きちんと法的記載事項がすべて書いてあるとは思えません。すると、書面不備を理由にクーリング・オフというのもあながち不可能ではない。

住田　そうですね。クーリング・オフがやっぱり消費者にとっては、一番簡単で有利な解決方法なので第一に考えるべきですね。特にアポイントメントセールスに関しては、各種のSNSで、不特定多数じゃないけど私をフォローしている人みんなに全部送られるとか、何人かの方にダイレクトメールを送るという場合でもアポイントメントセールスにあたるというのが今の考え方ですから、SNSを通すとかなりアポイントメントセールスに引っかかってくる可能性はありますよね。

坂東　アポイントメントセールスという言葉自体を理解することも、通常の

2　消費者委員会「チャットを利用した勧誘の規制等の在り方に関する消費者委員会意見」（2023年8月10日）〈https://www.cao.go.jp/consumer/iinkaikouhyou/2023/0810_iken.html（2024年9月2日最終閲覧）〉。

消費者には大変だと思うのですが、SNS の範囲が特定された人に対して情報を出している場合には、アポイントメントセールスにあたりますよということですよね。典型的なアポイントメントセールスは、「ここで展示会をやっていますから来ませんか」と電話で呼び出すように、1 対 1 の関係が前提のようにも思います。ただ、SNS だと対象となる消費者がもう少したくさん存在する感じもするのですが、それはアポイントメントセールスとして規制する意味があるということですよね。

住田 消費者の方に理解していただきたい基本的な考え方は、伝統的な訪問販売や押し売り、電話勧誘販売と今の SNS を使ったアポイントメントセールスとの共通性がどこにあるか、ということです。普通、何か物を買うときは自分でじっくり考えてから、これを買おうと思って契約するわけですけど、アポイントメントセールスの場合は、業者から不意打ち的に勧誘してきますよね。そうすると、じっくりと考える余地がないまま業者の言いなりになってしまう。契約内容が不当であれば、怪しい勧誘になるので不意打ち的になることが多い。そういう勧誘を受けたときに、多くの消費者は、特に弱みにつけこまれていると、ズルズルと契約までいってしまうと、不意打ち的な契約は何か問題があるんだ。最近は特商法でもある程度対応できているんだ。そういった意識を持ってもらうと、権利の行使に繋がりやすいのではないでしょうか。

3 どうやって被害を防止・回復するか

坂東 本事案の消費者は18歳の女子高校生ですから、アポイントメントセールスとかクーリング・オフとかについて詳しく理解しているとはなかなか思えない。すると、彼女は結局、何よりも消費生活センターに相談に行くという知恵を持っているということが大切なのでしょうね。どう思いますか。

住田 おっしゃるとおりだと思います。このケースで、どこの時点で消費者被害にあわないためにはどうするかというテーマで、注意して慎重に検討せよ、みたいなことが、たまに国民生活センターとか消費者庁の注意喚起情報

によく書いてありますね。

　では、具体的に、どこのタイミングで、この方は引き返せたかというと、実は、とても難しいと思うんですよね。オーディションのエントリーページが開いた時点で、「いやちょっとこれはアイドルの学校に誘われるかもしれない」と思って気をつけることは、まず無理です。オーディションに行って合格になって、その時点でもおそらく難しいですね。合格してとても嬉しい気持ちがあって、このチャンスを逃すわけにはいかないという気持ちになっているわけですよね。しかも、無料でオーディションを受けさせてもらったことについて、この業者に対して感謝すらしているかもしれません。いろいろと恩に感じているわけですね。恩を売られているわけですけれども、この時点で「状況」は整っているわけです。この時点でも、引き返せない気分になっていることは容易に想像できるわけです。当然、さきほど議論した特商法の知識も持っているわけがないですから、「これはアポイントメントセールスでいけそうだな」といったことは当然わからない。そして、これが被害であって、不当であるので引き返さないといけないという気分にすらならないと思うのですよね。だから、どこかの時点で慎重になって検討をする、ということは、かなり難しい類の被害ではないでしょうか。よく練られたやり方ですよね。

坂東　難しいですね。ひとつは無料で提供されるサービスには、やはり何かビジネスの目的が隠されていることを、まず意識として持ってもらうということが大事ですね。

髙嶌　「タダより高いものがない」というのは人生において大きな格言ですね。本当に。

住田　本当は、タダでも必ずどこかに対価が発生しているはずなので。

坂東　典型例は、自分の住所・氏名・電話番号とか個人情報を送ったらポイントをもらえるといったものですね。そうして収集された個人情報は、いろいろなマーケティングにいつの間にか使われている。この頃、急にダイレクトメールでいろいろな勧誘をされているなというのは、実は個人情報が誰か

に渡っているからですよね。つまり、個人情報自体にすごく市場価値がある。それが、悪質業者に流れてしまうと大変なことになる。でも、そんな情報の提供をするときには、だいたい何かサービスがついてくる。タダで何かもらえたりするので、得した気分になってしまいます。

4 業務提供誘引販売にあたるか

坂東 「タダより高いものはない」という教訓は、とても興味深いところです。もうひとつ特商法で考えると、この事案を見ていて思うのです。「学校入ったらアイドルとして活躍できるかもしれない」ということを宣伝文句にしているわけですので、一種の業務提供誘引販売取引 [→093頁] に該当しないかなという点が少し気になるところなのですが、どうでしょうか。

住田 たしかに、特商法の業務提供誘引販売に該当するかどうかは論点になると思います。そのために重要になるのは、その契約書や、あるいは勧誘の内容でもいいんですけれども、この契約をすると利益が収受できますよと、それに収入が得られますよということを勧誘の時に表示されているかどうか、ということですね。ただ、「必ず毎月何十万円、何万円儲かります」「仕事が必ず得られます」という具体的な条件提示があった場合に限定されるわけではなくて、実態として、収受しうるという期待を抱かせられればいいので、そのことをどの程度セールストークの中で、期待を抱かせたかっていうのが重要になってくるのかな。契約書に「月何万円保証します」と書いてあるケースはなかなかありません。また、アイドルの養成に関しての契約書にこういったことが書いてあるケースは少なさそうなので、たとえば、勧誘の中で、「この人は成功していますよ」「平均で芸能人になったらどれくらいの仕事があります」ということをどの程度勧誘の時に告げられていたかということが問題になると思います。

坂東 なるほど、単にアイドルになれるではなくて、それに関する仕事について言及されている必要があるのですね。

住田 業務提供誘引販売ってかなり難しい言葉なのですけれども、最初に確

認したいのは、業務であれば、要するに仕事であれば、消費者扱いされないということがまずポイントですよね。Ａさんが業者扱いされてしまいます。事業者同士の取引だからＡさんを保護してあげる必要はないよということになっています。業務提供誘引販売取引は、これをやったら儲かりますよと誘うけれども、実際にはそもそも金儲けとしては機能しないサービスなんだと。そういう場合には特商法で、だまされた消費者を保護しましょうという仕組みがある。本件のモデルになった実際の事案でも、「オーディンションを受けてタレントになっているのだから、そもそも消費者の保護の問題じゃないでしょ」と業者が裁判で主張しています。たしかに、オーディションを受けてプロモーション契約しているけれども、実際には業務として成立するのは１年に数名しかいないというわけなので、業務として成立していませんよ、ということが言えますね。

坂東 この事案でも、１つの学校で2,000人くらいの人、全体では１万人ほどの方が１年間入学しています。たしかに、最近はアイドルも数が増えていて、いろいろなアイドルがいます。アイドルも昔ほどレアな存在ではなくなってはきている。でも、おそらくこの学校に入学した2,000人の皆さんが全員アイドルになれるわけではないのです。こうした事実も、「アイドルは事業者だ」という議論を考えるうえでは、とても大切なポイントです。ですから、この事案がオーディション商法だと言われるゆえんは、アイドルという夢につけ込んでいるからでもあるわけで、それに関する現実とのギャップ、つまり情報の格差が消費者問題そのものであるように感じます。特商法でもまだまだ検討ができそうですが、ただ一方で、やっぱり特商法での検討は先ほどお話があったとおり、法技術を要する相当細かい法的議論をしなければなりません。消費者みずからが特商法を活用するのは簡単なことではありません。だとすると、取引に疑問を感じたならば、消費生活センター［→017頁］に行って、できるだけ早く相談をするということが大切になってきます。たとえば、原則としてクーリング・オフは８日間、例外的に業務提供誘引販売などでは20日間という時間的な限界があることにも気をつけてい

ただきたい [→096頁]。

　さて、話を少し進めたいと思います。Aさんは、学校をやめたいと思っています。やめたいと思っているのですが、契約書の中の「中途で退学する場合には入学金を返還しません」という規定を見つけてしまったAさんは、入学金の返還を求めることができないことを心配しています。この「入学金等不返還特約」という契約条項を何とかしないといけないのですが、Aさんに、そんなに心配しなくても退学は可能だとアドバイスしてもよろしいですか。

消費者契約法を使う

1　不安につけこむ勧誘

住田　特商法の他に何か手段があるとすれば、やっぱり消費者契約法だと思います。消費者契約法に関しては、まず不当な勧誘があったかどうか、不当な条項かどうかという問題があるわけですけども。この勧誘の不当性の中で、「アイドルになるチャンスなど滅多にない」とか、「もう契約書にサインしたから頑張るしかない」などなど、話をもうちょっと細かく聞かないとわかりませんけれども、たとえば、これを契約すれば必ずアイドルになれますよと言われていたり、あるいは多くの人が本当はアイドルなんかなれないんだよという事実が隠されていたりですね。あるいは必ず月何万円の収入がありますよ、数カ月で必ず元が取れますよといった断定的判断の提供がされているとか、勧誘の内容によっては、消費者契約法4条1項または2項によって取り消すことができるのではないかと思います [→073頁]。

坂東　消費者契約法の不当勧誘にあたる可能性があるのですね。

住田　不当勧誘に関しては最近改正でいくつか条項が入りました。たとえば、経験不足につけ込む勧誘行為の一部などが取消しの対象になっています（消費者契約法4条3項5号）。実は私、同じようなオーディション商法の事

件を経験してまして、訴状までは書いて、それを出しに東京地裁まで行った段階でもうお金が全額返金されちゃった事件があるんですけどね。その中で、私が利用したのが、消費者契約法４条３項５号の「不安をあおる」というやつですね。社会生活上の経験が乏しいことからうんぬんというやつですね。本件のＡさんも、私が担当した事件も若い女性の方で、社会生活上の経験が乏しいと言えるのですけれども、「オーディションを受けてあなたは合格したけれども、レッスンをちゃんと受けないとプロデューサーにはダメ出しをされますよ」「一度プロデューサーにダメ出しをされれば有名になることはできません」「あなたは後に引けませんよ」ということを言っていれば、「不安をあおる告知」でいけそうですね。このように、消費者契約法でも使えるものがあるのかなと思います。

高嶌　さっき坂東さんと住田さんがおっしゃったように、クーリング・オフが認められたら一番いいんですよね。ただ、契約がちゃんと成立していてある程度時間が経っている場合は、基本的にはクーリング・オフは使えない。そういう場合に、消費者を保護する法律が別にやっぱり必要になります。そして、そういう法律は、消費者が「こんなはずじゃなかったのになんでこんなことになったのか」という場合に広く使えるものでなければなりません。そういうときに不当な契約から解放されるということがまさに重要なわけですよね。そのために消費者契約法という法律があるわけです。不当な勧誘で契約した。契約を取り消せますよ、あるいは不当な内容の情報が契約に入っていたので、こんな契約の条項は無効ですよと主張できる。さっき住田さんがおっしゃったのは、その不当な勧誘のひとつとして、経験不足につけ込んで思ってもいない契約を結ばせるもので、まさに本件はそういう場合に該当するわけですね。

坂東　私は、若者の夢につけ込む取引のように思っていたのですが、夢の裏返しが不安なのかもしれません。

高嶌　不当な勧誘があったから取り消すことができる消費者契約法４条３項ですよね。一般に、つけ込み型勧誘といいます。つけ込み型勧誘とは、消費

者側が困っている、あるいはすごく不安を感じている、強い欲望がある場合に、それを最初から認識したうえで、その人の弱点につけ込んで契約を締結させる勧誘方式のことです。この場合、消費者は最初から精神的に弱い立場にあるので、ついつい契約してしまうわけですよね。このような場合を想定した条文も最近は整備されつつあります。恋人商法を規制する消費者契約法４条３項６号もその例です。本件の場合さらにそれに加えて、「いったん提供した入学金は返しませんよ」という契約内容が不当だからこの部分は無効だと主張できる余地がある。Ａさんからすればとりあえず支払ったお金が返ってくれば、最低限の救済はできるわけですから、それを次に考えてみようということになりますね。

坂東 今の住田さん、髙嶌さんのご発言にもあった社会経験の不足につけ込んだ契約なんですけれど、それが認められるための要件としては、消費者が過大な不安を抱いていることを知りながら事業者がその不安をあおって契約させなければなりません。さっき住田さんが、「一度プロデューサーにダメ出しをされれば有名になることはできません」という形で不安をあおったと話されましたが、本件の場合に不安をあおったと言えるのかは、なかなか判断が難しいかもしれません。

消費者契約法４条３項５号には、「進学、就職、結婚、生計その他の社会生活上の重要な事項」「容姿、体型その他の身体の特徴又は状況に関する重要な事項」と不安の内容が例示されています。容姿・体型といった身体の特徴は問題になりません。問題は、進学・就職・結婚・生計その他の社会生活上の重要な事項に関わるのではないでしょうか。もちろん、これらは例示ではあるのですが、アイドルになるということは、この中のどれにあたるのかと言われるとまた悩んでしまう。そのあたりはどう考えたらいいのでしょうか。

住田 アイドルは、やっぱり生業として考えるのであれば、「就職」にあたるし、アイドルとしてやっていけないっていうこと、それを考えるうえではわりと重要なポイントかなと思います。

髙嶌 「過大な」という要件がかなり難しい。「過大な不安」と言えるかどうかが厳しいですね。これは今後どのように使われるかなんですけどね。たとえば、末期ガンの患者さんに対して、医学的なエビデンスがまったくもってはっきりしない医療を画期的なものですと言って自由診療として何百万円で提供する場合は該当しそうですよね。しかもこの場合は、明らかに消費者側の「過大な不安」であって、身体の状況に関する事情なんですよね。そういう解釈を積み重ねるところから突破口を作っていくしかないかなと個人的には考えています。

坂東 逆に言うと、不安につけこむという点については、具体的にこれからどのように使うのかという視点が大切なのですね。その上で、条文の要件をきちんと整理をしてわかりやすくしたり、あるいは本来その条文が持つべき広がりを持たせたりするためにはどのような使い方をしていくかということも具体的に考えていかなければいけませんね。不安が過大かどうかなんて、評価できるようには思えません。不安は不安です。

住田 不安というのは人それぞれなのですから、法律的にもちょっとフワッとした要件にしてほしいですね。

2　入学金不返還は問題ではないか

坂東 この事案は、学校に入学してまだ授業も受けていない段階ですから、進学しませんという意思表示をすれば、無理やり学校に行かなければならないということは、現実問題としてありえないだろうと思います。芸能人養成学校に行かないという選択をＡさんがすることは当然ありうる話だと思います。そこで、ハードルになってくるのが「入学金を返還しない」というこの条項です。これは髙嶌さん、どう考えたらいいでしょうか。

髙嶌 もうだいぶ前ですけれども消費者契約法ができる前は、「大学は入学金も授業料も一切返しません」という契約条項が広く一般に使われていました。その後、大学の入試に関して授業料は原則として払い込んだ分も返しますが、入学金については返還しなくてもよいという判決が最高裁で確定しま

した（最高裁平成18年11月27日判決民集60巻9号3732頁）。すると本件でも、入学金を返還しないでいいのかということになります。しかし、本事例のモデルとなった裁判では、入学諸費用については中身をちゃんと検討してその返還を認めています。入学金だから返さないという硬直した考え方はおそらく今後は通用しなくなるでしょう。

坂東　この業者は最高裁の判決を知っていて、入学金だったら返さなくてもいいのだと考えたのかもしれません。授業料は月謝にしているから実際のところ、返還は問題にならない。そういう仕組みにしてあるのだと思うのですが、住田さんはどんな印象を持っていますか。

住田　もともと、「入学し得る地位の対価」が入学金であり、それとは別に授業料というものがある。これら2つを画然と区別するという平成18年最高裁判決に対しては、私は批判的なのです。入学金と授業料をそもそも区別するという発想が私にはなくて、結局支払われたお金をどう使おうが、大学の自由なので、それを名目で分けることにしちゃうと、この学校のように入学金をべらぼうに高くして授業料を安くするという手段に出るところがたくさん出てくるんじゃないかなと思います。やっぱり、この最高裁がそもそもおかしいんじゃないかなと思っています。滝井繁男裁判官が反対見解書いていますよね。その中で、結局、何で大学は入学金を取るのかというと、大学教員でいらっしゃるお2人の口からはあまりおっしゃりにくいかもしれませんけども、結局、大学の経営を安定させるという目的があるわけですよね。辞退者が相次ぐと定員割れになるという大学も、繰上げ合格とかをさせて、定員割れを回避することも当然できるわけです。そうすると、何のために入学金を取っているのかという話になってきます。「このような入学金ビジネスはもうやめた方がいいんじゃないですか」というのが、私の発想なんですけれども。

　　それはともかくとして、理論的には、本当に、入学金は大学生となる地位を確保しておくための金銭、つまり「入学し得る地位の対価」っていう考え方があり、かつ、正当化されるんでしょうかということも疑問です。実際に

は試験に合格したんだから、その人は入学できるに決まっているわけで、「そこに入学しうる対価を払ってください、4月1日までに解除しないとそれは返しませんよ」ということは、はたして正当化されるのか、というところに立ち戻らないといけないのではないでしょうか。実際、貧困の家庭の方で、「やっぱり入学金は返さないよ」ということがネックになっていて、大学への進学の道が閉ざされている、あるいは狭められているという人が結構おられるように思います。そういう方から、「入学金はやっぱりどうしようもないんですかね」と言われちゃったりするわけですね。そういうときに、現在の社会ではたしてこういった枠組みが、当たり前のものとして維持されるべきなのかなと思っています。ちょっと話がずれましたけど。

坂東 住田さんのご指摘の点は、私は大学教員ですが、ごもっともだと思います。ただ、平成18年の最高裁判決は、結局のところ対価というものをどう捉えるかという話になっています。要は、提供していない授業料を返さないということは、返さない授業料が違約金として機能しているという発想ですよね。したがって、消費者契約法9条の平均的損害を超えるというところが実は大学の授業料の評価にも影響を与えた。入学金も不相当に高額でない限り返還しなくていいとの留保が多数意見にはついていて、一応入学するつもりはあったという評価の対価性が高額ではない限り認めたのが最高裁の判決であったのだと思います。そうすると、芸能人養成学校にはそうした対価性があるのかということが問題ですね。オーディションに合格して、Aさんはすごく嬉しくなって、一連のいろいろな取引に入っていかざるをえないような状況になるわけです。でも、実際はほとんどの人が合格している。そこで入学金を払わないと、この芸能人養成学校に入学できない状況になるのかどうか。そうではなくていつでも芸能人養成学校には入学ができる。いつでも入学して1年間どこから授業を受けてもいい。それを教育と言っていいのかは私にはよくわかりませんが。

そうすると、入学金を支払ってこの芸能人養成学校で受講生が獲得できるものが何なのだろうかということがよくわからないのです。

事例のもとになった事案について

坂東　ところで、契約条項自体は消費者契約法9条によるか消費者契約法10条によるかはともかくとして、入学金の一切を返さない条項が無効であることは明らかだと思います。この事例のもととなった事案の控訴審判決が、東京高裁令和5年4月18日判決です[3]。この事件は、本件でいえばAさん、つまりは消費者が個人で訴えたのではなく、適格消費者団体である消費者機構日本、COJ（Consumer Organization Japan、コージェイ）といいますが、そこが原告となって裁判をしています。適格消費者団体が消費者契約の条項を差し止める、つまり、こうした条項は使ってはいけないと請求するわけです。もしその差止めが認められたならば、Aさんだけではなくて、今後同じように生ずるかもしれない被害を防止することができる。それはとても大きなことですね。

　さて、最後にこの事案を前提に、さっき住田さんがいつ消費者が戻れるかというお話をされていたのですが、いつ冷静に判断をすれば被害にあわずにすんだのか。いつだったら引き戻せたのか、それを考えてみたいと思います。可能性があったとすれば、38万円を払う前でしょうか。高校3年生にとっては30万円という金額は相当に高額です。ただ、消費者金融を紹介されて、それで払えてしまっているのですが、この点についても少し解説をお願いします。

住田　38万円を払う前が本当に最後のチャンスだったかもしれませんよね。この時点で「ちょっと私手持ちがありません」「お金も高校生なので家に行ってもないので、お父さんとも相談します」ということが言えていればよかったのですが、ただ、こういうケースでは、そう言われることも彼らの計画のうちに入っているわけで、「借りたらいいですよ」とお金を借りさせること

3　消費者ニュース 140 号（2024 年）239 頁。

も準備されています。私が担当した事案では事務所の下のコンビニに行って、コンビニの ATM を使ってお金を引き出させています。また、無人の契約機に行かせるというケースもあると思います。こういったことは、特商法で禁止されています（たとえば、訪問販売だと、特商法6条1項7号）。たとえば、消費者の意に反して貸金業者の営業所に連れて行くとか、借り入れをさせるために必要な関与をするとか、嘘の年収を書かせるとか、そういったことは一応禁止行為にはなっています。ただ、消費者金融にお金を借りさせるということが常套手段として行われているケースは多いと思います。

坂東 若者の消費者トラブルに消費者金融による融資が利用される例が少なくありません。そもそも、あまり収入がない若者に対して融資を行うことは原則として認めないといった規制はないのでしょうか。

住田 そこまではありません。

坂東 過剰融資の防止は貸金業法には、1業者あたり50万円を超える融資の場合には、正規の収入の証明書を確認しなさいと規定されてはいます。また、複数の業者の借入れが年収の3分の1を超える場合には、総量規制と言いますが、ちゃんとチェックしなければならないということです。**信用情報機関**の個人信用情報の確認が義務づけられています。ただ、それには例外があって、たとえば、1業者50万円以下の融資は少額融資とされ、正式の年収などの証明書の提出が免除され、本人による申告で足りるとされています。本件では支払金額が38万円ですので、融資限度額は50万円以内です。だとすると、正規の収入の証明書などを提出しなくても、自己申告で足りることになります。年収に嘘を書かせて契約を締結させてしまえば、それはもちろん違法ではあるのですが、契約できてしまうわけです。50万円の融資額が本当に普通の人の感覚からいって、少額融資なのかということには疑問があります。成年年齢が20歳から18歳に引き下げられて、簡単に融資の契約ができてしまうことを考えると、あらためて少額融資の金額をもっと実態を踏まえて考えなければならない。そういう時期が来ていることを強く感じます。

> **信用情報機関** 消費者のクレジットやローンに関する信用情報を管理する機関。わが国には、クレジット系の情報を管理するCIC（株式会社シー・アイ・シー）、銀行系のJBA（全国銀行個人信用情報センター）、金融会社系のJICC（日本信用情報機構）の3機関がある。消費者は、それぞれの機関に、自分に関する情報の開示などを求めることができる。

住田 この入学金の額は、50万円に満たない38万円という非常に中途半端な額なんだけれども、この額自体がビジネスとしてうまく考えられた額です。融資規制にも当たらないし、さらに、損をしたらいつでも解約できますよと業者から提示されているわけだから、普通の消費者からしたら、もうそんなに争うくらいなら38万円損してもいいや、というギリギリのところをうまく使っている金額ですよね。

坂東 そうですね。38万円という金額の場合、多くの弁護士さんは「38万円で裁判やってくれ」と言われたら、きついですよね。

住田 私は、訴額が少なくても相談は受けますし、事件を受けることもありますけれども、一般的には、消費生活センターの相談員の相談をおすすめするという金額になってしまいますよね。もちろん少額でも、弁護士会によっては少額の事件に関しては弁護士費用を援助する制度なんかもあるので、そういったものは、本当は周知しないといけないと思っています。けれど、このあたりの「弁護士に相談しづらい」ラインを狙ってくるのが最近の消費者被害の特徴ではないかと思っています。「薄利多売」ですね。あとひとつ、消費者が被害で利用される消費者金融は比較的大手のところが多いので、本来は業者側の自主規制がもっと機能してもいいように思うのですが、業者の自主規制もやっぱり及ばないということですかね。

坂東 そうですね。特にこの事案はネットで契約をしてしまっていますから、消費者金融には、「ネットの中で契約者が虚偽の情報を入力してしまうとチェックのしようがない」と言われるわけです。なかなか自主規制で対応することも簡単ではないのかもしれません。ネットで簡単にお金を借りるこ

とができることが便利なのか、よけいなお世話なのか、悩ましいところです。

住田 私が経験した学生をターゲットとしたマルチ商法のケースでは、明らかに特定の貸金業者に融資が集中していました。その融資の申込書を見ると、融資の目的も葬儀とか旅行とか書いてあるのですけど、パターン化していて、これはひょっとしたら業者と金融業社が提携しているのではないかと勘繰ってしまいます。もし、提携しているのであれば、融資者の責任、レンダー・ライアビリティ [→012頁] を追及できるかも、と思った事件はありました。でも、それに関しても、結局は、その方面の責任追及は断念しました。この融資者の責任が追及できる枠組みがあればいいなと思っています。割賦販売法とかはありますけれども、こういった融資、消費貸借契約の形で信用供与するケースでは、なかなか厳しいというのが実情ですね。

坂東 消費者としても、安易にお金を借りることは、決して望ましいことではないということは、認識しておく必要があるのかもしれません。昔、サラ金被害と言われた時期がありました。あの当時は消費者金融からお金を借りることについて怖いというイメージがありましたが、だんだんそういう空気がなくなってきているのも心配なところかなという気もします。

住田 コマーシャルも復活しましたし。貸金と言うよりはイメージ的なコマーシャルが多いですよね。ちょっとそこは心配なところですね。

消費者被害を防ぐために

坂東 それでは最後です。オーディション商法に関する事案を検討してきましたが、こういった被害を生じさせないために、これから消費者に求められる役割についてコメントをいただければと思います。

住田 弁護士として言わせてもらうと、さっきも申し上げましたが、自分で太刀打ちできない被害がたくさんあります。システム化されていて、もう逃

れられない、逃れようがないケースが非常に多いですね。ですから、断ることができない、どこかの時点で引き返すことができないように仕組まれているので、自分で防ごうとか、退治しようというのは難しい、と考えなければなりません。そのこと自体はもう仕方ないことなので、そうなったときにすぐに消費生活センターや弁護士に相談できるということを知っておいていただきたいし、こういった経験を持ちのお友達や知り合いがいれば、その方に相談することで最善のことができるという共通知識になればいいかなと思います。

高嶌　研究者としての立場からいきますと、消費者教育を今後どのように進めていくかということが大切になります。特に日本人の場合には、権利を行使することが苦手であるという一般的な意識があります。自分が権利を行使しなかったら、どんどん似たような被害が生じるわけです。個々の消費者がちゃんと権利を行使することで、全体としての取引が健全化される。「情けは人のためならず」ではないけれども、権利行使はむしろ消費者としての社会的責任なんだというくらいの消費者教育を進めていかなければなりません。もうひとつは、そうは言っても権利を行使することはやっぱりすごく難しいことじゃないですか。**188を手がかりとして権利を行使する**ということが最も現実的ですけれども [巻末資料参照→226頁]、たとえば、障害を持っている方や病院に入院中の方とかも当然消費者に含まれるわけですから。

　消費者という存在は、個々人で見た場合にはやっぱり脆弱性[→071〜072頁]があります。すると、取引全体を健全化していくために広くいろいろな法的な仕組みが必要になるわけです。日本ではそのあたりがかなり遅れています。たとえば、不動産の賃貸借ですと、国土交通省がかなりしっかりとした公的なガイドラインを出していますよね[→043頁]。ああいう形で、それぞれの消費者取引が行われる場面ではこういう契約内容が一番合理的で、かつ取引を健全化するという形でまず行政がさまざまな目安を出していくということが今後必要でしょう。

　それとあわせて立法でも、先程、消費者契約法とか特商法の話をしました

けれども、条文の書きぶりは専門家が読んでも難しい。とにもかくにも、実際には消費者が読んでわかる法律にしなければなりません。そうでないと消費者個人が実際に検討できないですからね。諸外国では、普通の消費者が見てわかる規制内容にしましょうという方向がしっかりと表れてきていますので、日本もそういう方向でどんどん整備をしていく必要がありますね。

> **188を手がかりとして権利を行使する**　電話番号「188」は「消費者ホットライン」で、音声ガイダンスに従って郵便番号を入力すれば、最寄りの消費生活センターなどの相談窓口を案内するサービス。だれでも、無料で、専門的知識を持った消費生活相談員によるアドバイスを受けられ、ケースによってはあっせん（事業者との間に入って話し合いをとりもつこと）を受けることもできる。消費者被害にあったかな、と思ったときにおすすめしたいサービスである。

坂東　消費者法は、消費者にわかるものにする。それは、とても大切な指摘です。私も一言だけ。住田さんのご指摘のとおり、この事案で被害にあわないためにいつリターンできたかを考えると、それは普通の18歳の若者にとっては本当に難しい。ただ、18歳になれば自由に契約ができるように民法の改正がなされて、18歳は契約に関する限りは大人と取り扱われることになりました。もっとも、大人が実は1人で自分がする契約のすべてを判断しているわけではありません。「この契約って難しいな」「この契約を確認するためには誰かに相談した方がいいな」といった感覚を持っていることが実は大人ではないのかなという気がしています。本件も、途中でオーディションに行く場面でもいいし、その後の契約の場面でもいいけれども、誰かに相談ができていたら、違った展開がありえたという気がしています。悪質な業者ほど、「大人に会ったのだからひとりで判断しなさい」と言ってきます。でも、それは間違いです。業者が押しつけてくる大人像と、本当に私達が思っておかなければならない大人像の間には違いがあることをわかってほしいと私は思います。大人になることは、決してひとりになることではありません。

まとめ

● オーディション商法は若者の夢につけ込む悪質な商法である。SNSによる情報提供から始まって芸能人学校入学のための契約に至るまで、その過程は巧妙に仕組まれている。

● オーディション商法など問題のある取引は、たとえば、特定商取引法や消費者契約法を適用して、それに関する契約の効力を否定することができる可能性がある。

● ただ、契約締結過程の呪縛から逃れることや法を適用して問題を解決することは簡単なことではない。誰かに相談をすることがとても大切である。188に電話をすれば、最寄りの消費生活センターに相談できることも忘れないでもらいたい。

5 章

利便性と危険性の間で
「デジタルプラットフォーム」

　LINE、Facebook、X（旧Twitter）、Amazon、Google、YouTube、食べロ
グ……。皆さんの中にこれらを一度も使ったことがない方はいないでしょ
う。このように、インターネットを通じて商品やサービス、情報をやりとり
する「場」を、デジタルプラットフォーム（以下、「DPF」）といいます。DPFは
基本的に無料で、魅力的なコンテンツや便利なツールを提供し、私たち消費
者は、毎日多くの時間をDPFに費やしています。ところが、このようなDPF
があるからこそ巻き込まれてしまうトラブルもあります。そして、そのトラ
ブルの解決は容易ではありません。

事例 ショッピングモールのギフト券をめぐるトラブル

　2023年 8 月 1 日、大学 2 年生（20歳）のＸは、世界的な大企業であるショッ
ピングモール「Ａ」に新規アカウント登録した。

　Ａ社は、決済手段として、現金やクレジットカードのほか、「Ａギフト」と
いうものを用意していた。これには 2 種類あり、実際にプラスチックカードに
ギフト券番号が印字されている（被覆シールを剥離してはじめて印字がわかるよう
になっている）商品券タイプと、同番号が電磁的情報としてのみ存在している
電子タイプがある。これを使用して買い物をするためには、Ａ社の会員専用
ページから、ギフト券番号（16桁の番号）を登録することになる。たとえば、
10,000円のギフト券番号を登録すると、「Ａギフト残高」に10,000円の残高が
加えられ、決済時にこれを選択することができる（なお、お釣りは出ない）。Ａ
ギフトは、Ａ社のサイトのほか、Ａ社が認めたコンビニエンスストアなど一定
の提携販売店に限り、誰でも購入することができた。Ａギフトは、その名のと

おり、贈答品として使われたり、さまざまな販売キャンペーンの景品（販促品など）として用いられていたりしたため、システム上、特定のアカウントと紐づいているわけではなく、どのアカウント（新規登録も含め）でも登録することが可能であった。ただし、有償譲渡は規約で禁止されている。

　Xは、A社でほしいゲームソフト（価格10,000円）が見つかったため、これをどうにか安く買える方法はないかとインターネットを探していた。そうしたところ、Yの営む「ギフティ」の存在を知った。Yはチケットの出品者と購入者をつなぐDPFで、そこでは、百貨店の商品券や図書券、ビール券、映画の前売券、テーマパークの入園券など、チケットショップで売っているようなもののほか、Aギフトも額面の90％くらいの値段で売っていた。Xは、Aギフトの出品リストを見たところ、Yは、そのリストの冒頭に、赤字で、「Aギフトについては、ごくまれに、アカウントに登録ができないなどの問題報告がありますので、自己責任でお願いします。なお、現時点で、登録できないという報告があった割合は1％未満です」という注意喚起を行っていた。Xは、少し不安に思ったが、Aギフトはアンケートに答えたお礼としてもらったこともあったし、商品券のように広く流通しているのだろうと考え、結局のところ99％以上は大丈夫だと思い、これを買えば実質的に1割引でゲームが買えるのは得だ、と考え、購入することにした。

　2023年8月5日、Xは、ギフティに会員登録をしたうえ、出品者Zが出品していたAギフト10,000円分を9,000円で購入し、Y指定のY名義口座に9,000円を送金した。なお、Yにおいてはエスクロー制度がとられており、Aギフトの場合、納品確認手法は、購入から30分以内にA社のアカウントに登録できたかどうかをもって納品確認とする、とされていたところ、Xは、すぐに本件AギフトをA社のアカウントで登録してみたところ、無事エラーも出ず10,000円分の登録ができた。そのため、Xは、アカウントに登録できたことをYに報告し、YはこれをZに伝え、Z指定の口座に8,550円（手数料5％分を差し引いた金額）を送金した。

　Xは、2023年8月10日、A社で10,000円のゲームを購入して、決済手段を

Ａギフトと指定した。そうしたところ、Ａ社は、Ａギフトに不審な点があることを検知し、Ａギフトの使用を停止し、ＸのＡギフト残高をゼロとした。Ｘは驚いて、Ａ社のカスタマーサービスに電話した。そうしたところ、Ａ社は「規約違反が認められたので使用できない」と説明した。Ｘは、「Ｙというサイトできちんと購入し、登録もできたのでおかしいのではないか。残高を元に戻してほしい」としたが、Ａ社は「Ｙは正規の販売店ではない。そこから購入したということであれば、これは明確な規約違反なので、アカウントを凍結する」として、Ｘはアカウントそのものを凍結されてしまった。

　同日、Ｘは困りはてて、Ｙに連絡して「アカウントに残高登録はできたのに、その後Ａ社から使えないと言われた。このようなことはあるのか。なんとかならないのか」と聞いたが、Ｙは「はい。たしかに、2022年10月くらいからは、登録できたが使えなくなるという事例も増えていると聞いています。ただし、いずれにせよ、当社は、個々の売買についてはあくまで自己責任でご判断いただくと考えており、責任を負うものではありません」ということであった。また、Ｘは「せめて出品者Ｚの連絡先はわからないのか」と聞きましたが、Ｙは「Ｚの情報は、個人情報ですので、こちらではお教えすることはできません」として、対応をしなかった。

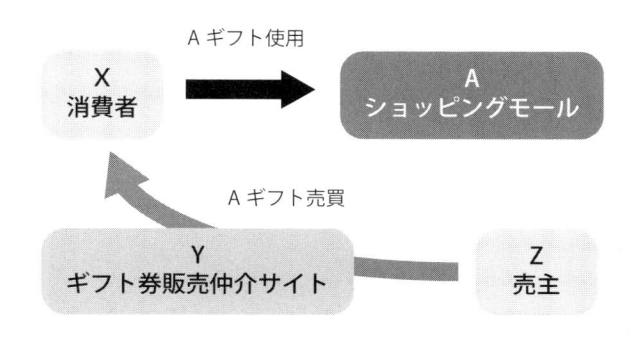

DPFで商品やサービスを購入すること

住田 本件は、オンラインでゲームソフトを購入した事案ですが、その決済にDPF事業者が発行するギフト券が使われています。この事案の解決に関する議論の前に、少しDPFとは何かについて確認しておきましょう。

高嶌 消費者との関係では、商品の販売だとAmazonとか楽天とかが有名ですし、メルカリやヤフオクの運営者も定義によってはDPF事業者に該当します。DPFに関連する法令もやっと整備されつつあります。その主なものは、2021年3月に施行された「特定デジタルプラットフォームの透明性及び公正性の向上に関する法律」(以下、「DPF取引透明化法」)と、2022年5月施行の「取引デジタルプラットフォームを利用する消費者の利益の保護に関する法律」(以下、「取引DPF消費者保護法」)です。この2つの法律ですが、対象となる事業者の定義も違いますし、実際に適用対象になる事業者の範囲も微妙に異なっています。ややこしいですが、私たちは広く消費者がオンラインでさまざまな目的物を取引する場を提供するネット上の場、取引モールとかフリマとかこれもいろいろと表現されますが、そうした場を提供する事業者を総称してDPF事業者として、話を進めたいと思います。

住田 どうしても、普段利用している具体的な事業者を思い浮かべてしまうのですが、DPF事業者から商品を買うということを法律的に整理すると、DPF事業者と直接に売買契約を締結している場合と、DPF事業者が設定するサイトの中に出店している業者と契約を締結する場合に分かれるようです。契約の相手方が違うとすると、たとえば購入した商品が届かないとか、偽ブランド品だったとかいうトラブルがあったときに、消費者が交渉をする相手方が違ってきます。消費者からすると、どっちにせよ、DPFという場の中で購入したことは共通しています。トラブルの多くは、DPF事業者が設定しているサイトに出店している販売業者から商品を購入した場合に生じているように思います。その場合、交渉相手は販売業者になるのですが、こ

うした業者が誠実に交渉に応じない場合もあります。このような場合には、DPF事業者が前に出てトラブルの解決に関わってもらいたいというのが消費者の感覚ですが、DPFの利用規約上は、個々の業者とのトラブルにDPF事業者は責任を負わないとされています。取引の相手が実際には誰かということを消費者も気をつける必要があるにしても、多くの場合、大企業であるDPF事業者を信頼しているからこそ、その中で出品している販売業者との契約であることを意識せずに取引をしたというのが現実だと思います。

高嶌 先ほど挙げた取引DPF消費者保護法は、DPF事業者に対し、DPF内で商品などを販売している業者の所在情報、つまりは住所や電話番号などを把握するよう努力義務［→015頁］を課しています。なので消費者は、みずからが契約した販売業者の連絡先を、DPF事業者から取得できるようになっています。この新法によってどれだけ実効的な対応が可能になるのかは、今後のDPF事業者の努力次第ということになりそうです。

坂東 たとえば、2023年に各地の消費生活センターに寄せられた消費者相談90万件のうち、全体の約40%が通信販売に関する相談です。インターネット通販に限っても、全体の約30%を占めていて、取引方法別の割合ではもっとも多くなっています。20歳未満になると、ネット通販の割合が約60%にまで達しています。それだけ、ネット通販が消費者にとって当たり前の商品などの購入手段になったのだと思います。一方で、ネット通販にはリアルの取引と異なる課題があるように思います。

住田 詐欺的な定期購入に関する「お試し商法」のトラブルも、特にネット取引の場合にトラブルが生じやすいように思います。「お試し商法」とは、契約の締結に際して、「お試し価格、実質無料」とか「今だけ500円」といった安い金額が強調された画面が表示されているのですが、契約はあくまで複数回の購入が前提になっており、そのことはわかりにくい場所に小さい文字で表示してあり、そのために消費者は1回限りの取引だと誤解して契約してしまう、というトラブルです。初回だけ安い値段がつけられているのですが、全体として数回～数十回にわたる定期購入金額を全体として見ると、何

ら値引きされていないというわけです。たしかに、きちんと画面をスクロールしていくと細かい字で条件が書いてあったりするのですが、お得感に気持ちが引かれている消費者が、そこまで細かく確認することは期待できません。

坂東 ネット通販だと、電子消費者契約法で、確認画面を提供しなければならないことになっているので、必ず「確認画面」が契約のボタンをクリックする前に提供されているはずなのですが、それにも注意がいかない。

髙嶌 2022年6月1日に施行された特定商取引法（以下、「特商法」）の改正で、詐欺的な定期購入取引に関する規定、すなわち先に述べた「お試し商法」に対応する規定が整備されて、誤解を招くような記載が禁止されるとともに、それで誤認して消費者が契約をした場合の取消権なども規定されました。また、最終確認画面にもわかりやすい表記が求められ、消費者庁によってガイドラインも制定されています。ただ、誤解を招く記載という基準が必ずしも明確でないこともあって、詐欺的な定期購入に関するトラブルが減少しているとは言えず、まだ解決途上と言わざるをえません。

住田 現在、ネット通販は消費者にとって当たり前の取引方法になっています。消費者向け電子商取引の市場規模は2022年で22.7兆円、EC化率は9.13%になっているとの報告もあります[1]。すでにオンライン取引の総数は、対面取引の総数を大きく上回っているのです。そのため、DPF事業者が、ネット通販を消費者に浸透させるうえで果たしている役割は、大きいといえます。そもそも、ネット通販は特商法で、通信販売の一類型として規制されています。先に見たように、詐欺的な定期購入の問題などは特商法で一定の対応がなされました。ただ、DPF事業者に関する法規制は、先ほど髙嶌さんから話があったように、まだ始まったばかりのように思えます。ネット通販を法でどのように捉えて、どのような法律によるコントロールができるのかはま

---

1 経済産業省「令和4年度デジタル取引環境整備事業（電子商取引に関する市場調査）」〈https://www.meti.go.jp/press/2023/08/20230831002/20230831002.html（2024年9月15日最終閲覧）〉。

だ試行錯誤の状態であり、今後、行政規制やガイドラインも含めて、さまざまな観点から考えていく必要があるように思います。たとえば、消費者の個人情報の問題やターゲティング広告［→117頁］の問題なども、特定所取引法による対応では対処しきれないかもしれません。

　では、そろそろ、話をこの事例の検討に戻したいと思います。

Aギフトは金銭なの？

1　Aギフトの法的性質

住田　これ、Aギフトをコンビニで買った時点ではどうなるんでしょうね。これは登録するまでの間は法律的にはどういった性質があるのでしょうかね。

髙嶌　カードになっているかどうかにかかわらず、本体は電子情報そのものですね。

住田　そうしますと、なぜその券が使えるのか。つまり、このAギフトを提示されると、A社が物を売らないといけない根拠は何なのでしょうか。

髙嶌　現金に替わる一種のプリペイドカードということでしょうか。

坂東　すると、これはまさしく決済手段としての金銭そのものである、という言い方もできますね。

髙嶌　規約があるのはわかるけど、なぜこういう規約があるのですかね。

住田　有償譲渡禁止規約ですか。その趣旨はわからないですね。

髙嶌　わからないですね。誰かがお金を払っているわけなので、登録した人なら誰が使ってもいいように思いますけどね。

住田　たとえば、百貨店の商品券については有償譲渡は禁止されていないですよね。

髙嶌　バス券にしたって、公衆浴場入浴券にしたって有償譲渡は禁止されて

いません。なんでＡ社のギフト券はそれを禁止してるのでしょうかね。たとえば、USJ のチケットも有償譲渡が禁止されていますが、それはなぜなのでしょうか。

坂東 USJ のチケットは、有償譲渡を認めてしまうと、値段が上がってしまいます。つまり、転売屋が出てきて不当な利益がそこに生ずることになるからだと思います。

住田 Ａギフトに関してはそれはありえないですよね。

坂東 価値が決まっていて、変動する余地がないわけですね。

住田 何かプレミアがついているわけでもないし、Ａギフトを高値で買って嬉しい人はいないわけですから。すると、根拠は何なのでしょうね。

坂東 通常、預金口座には譲渡禁止特約が定められています。預金について債権者を特定しておかないとややこしい事態が生じてしまいます。法的には、民法の債権者らしい人への弁済での対応はできると思います。ただ、債権者の特定という観点からすると、できるだけややこしい事態は避けたいのだと思います。

髙嶌 デジタルデータだから、何らかの形でコピーされる危険性を考慮しているのでしょうか。

住田 このＡギフトは、贈与は認めているわけですよね。贈与を認めていたらその複製に関しては手を打っているはずですし、有償であることによってインセンティブ的にその危険が増すということですかね。

髙嶌 ギフト券として贈与は認める。けれども、売却は駄目と。

住田 そうなんですよ。ただ、その理由は書いていません。

坂東 いろいろな考え方がありうるけれども、さまざまなネット取引で使われているギフト券といったものを、ただでプレゼントすることはできるけれども、有償譲渡はできませんよとされている。それが規約に定められていて、時に消費者からすると障害になることが、この事案のようにありえます。でも、その条項の効力を法的に争うのは実際には簡単ではないということでしょうか。

高嶌　法理論的にはたいへん面白い事案なんですけどね。

住田　電子マネーそのものについては、決済に関する法律はいろいろありますけど、そもそも電子マネーとは一体何なんだという話については、明確に法的な位置づけがなされてはいません。金銭類似物と見るという方向性と、それと対極にあるものとして、契約上の地位である、つまり、それを持っていると、A社との商品売買のときにお金の代わりに使える地位を有すると見る考え方がありますね。

高嶌　地位の移転と考えた場合、「承認しません」と言えますね。

住田　そうそう。「移転しません」と言えればバッと切れるわけです。「有償だろうが何だろうがうちの認めないものは認めません」と。この契約上の地位である、という方向性に行けばいくほどA社に有利になっていくと思うのですけれども。金銭類似物と、契約上の地位と、その中間くらいに債権説という考え方があって、**債権譲渡**に関するルールを適用するというお話です。でも、それも譲渡禁止特約はできますね。

> **債権譲渡**　債権（お金を支払ってもらう権利など、人に何かをしてもらう権利のこと）を譲りわたすこと。2020年4月1日施行の民法改正により、仮に当事者間に債権譲渡を制限する特約があったとしても債権譲渡が有効である（民法466条2項）とされ、債権譲渡の自由が確認された。

高嶌　基本的には証券またはデジタルに化体された債権であることはまちがいないですね。

坂東　そうですね。債権譲渡の問題だと言われたら形の上ではそのとおりです。ただ、債権譲渡であるにしても、譲渡対象になるのは実質的に金銭だという評価なのか、それとも金銭ではない物あるいは契約上の地位なのか、ということなのでしょうね。

高嶌　契約上の地位と言っても、ギフト券を買うときに契約目的物も契約時期も何も決まっていないのに、それをもって具体的な契約上の地位とは言い

にくいですね。

坂東　契約上の地位はある特別の契約関係を前提とした話ですからね。

住田　そもそも民法的にどう位置づけられているのかということはともかくとして、もうすでに流通しているというモノが多いのかなと思います。

坂東　実質上決済ができているんだけど、その過程というか、具体的な決済の内容はブラックボックスになっています。とりわけネットの世界ではお金の流れはまったく見えません。

住田　思考停止じゃないですけれども、「便利だからいいじゃん」という発想がまず先にあります。司法はそれにどう対応するのかが大事なのですが、そこが十分に考えられていないままに現実が先行しています。

2　有償譲渡禁止目的は合理的か

髙嶌　これ、消費者契約法10条違反 [→081頁] で対処できるかな？

住田　有償譲渡禁止を10条違反で対処するということはありうる話ですよね。

髙嶌　事業者に、公正な利益が考えつかない。

住田　それはひとつありえますよね。しかも、アカウントが凍結されるというめちゃくちゃ重大な不利益です。ところで、使えない商品を出品した出品者Zの責任はどうでしょうか。

髙嶌　契約不適合 [→065頁] ですね。ただ、不適合なんだけれども、「Aギフトについては、ごくまれに、アカウントに登録ができないなどの問題報告がありますので、自己責任でお願いします」と注意喚起しているので、使えないリスクは契約内容になっている。だから、ひょっとしたらZは免責されるかもしれません。ただ相手が業者だと、そもそもまったく契約利益がないわけなので、対価は結局ゼロになってしまいます。Zがもし業者だとしたら、そういう危険性がある商品を消費者に売却すること自体に問題があると思えます。

住田　このケースは架空の事例ですが、実際には、ギフト券の売買DPFに、

有償譲渡禁止のギフト券を大量に出品しているブローカーみたいな業者もいます。そのレベルになると多分、責任を負うことになるのでしょうね。

髙嶌 事例のZのようにギフト券を出品している人は、どこからギフト券を集めてくるのでしょうか。

住田 おそらくは、怪しいスジからだと思いますね。このギフト券そのものに関する詐欺もたくさんあります。「○○ギフトを買ってきてください」というLINEの怪しいメッセージが届いたことがある方は多いと思うのですが、そういった形で集められたギフト券を使っているかもしれませんね。

髙嶌 おそらく、A社としては、有償譲渡を禁止する理由として、そういった詐欺などがあるから、と言うでしょうね。

DPFに組み込まれてしまった私たちの生活

1　ギフト券の出品者の情報はどうやって集めるか

住田 坂東さん、Zの連絡先がわからない場合はどうやって調べたらいいのでしょうか。

坂東 2022年5月1日に取引DPF消費者保護法が施行されました。その法律に、消費者がDPFの中の事業者に損害賠償請求等を行う場合に必要となる販売業者等の情報の開示を請求できることが規定されました。一方で、販売業者等の情報をDPFが把握することはあくまで努力義務ですので、どれだけ機能するのかはまだわかりません。

　つまり、DPF事業者が「できる限り販売業者の情報を把握をしなさい」ということだから、できる限り把握したけど、情報が間違っていましたとか、情報は結局わかりませんでしたということはありうるわけです。

住田 私も、**CtoC**のDPFを利用した詐欺事件を担当して、この法律に基づく情報開示請求をしましたが、あっさり拒否されたことがあります。詐欺

的商法かどうかはわからないという理由と、そもそも出品者が事業者でないと法律が使えないので、事業者性が認定できませんでしたという理由で回答を拒否されたわけです。やっぱりその業者も、ひとつのサイトでは一度に2～3個しか出品していないなど工夫をしていますね。そうやって、いろいろなサイトで出品しているわけです。つまり、一度にたくさん出品して業者扱いされてしまうのを避けているのです。

> **CtoC** Consumer to Consumer で、消費者－消費者取引のことをさす。これに対して、BtoC（Business to Consumer）は事業者－消費者取引を、BtoB は事業者－事業者取引をさす。

高嶋 メルカリや Yahoo! オークションだったら2～3個しか出品しないことはあるでしょうけど、Amazon や楽天といった BtoC であることが前提の DPF でそもそも事業者以外の人が出品しているというケースはあるのですか。

住田 そうですね、それらのサイトでは BtoC の認定は比較的容易でしょうが、ギフト券販売 DPF はメルカリなどと同じで CtoC が原則とされているサイトなので、事業者ではなく消費者だ、という言い訳が通りやすいと思います。

坂東 DPF 事業者が取引 DPF 消費者保護法に基づいて、実際どれくらい販売業者等を把握できているのかという現実がよく見えていないところもあります。いずれにしても、相手方を特定できるということの持っている意味はものすごく大きい。特にネット取引では、相手方が事業者であれ消費者であれ、その情報の把握については、誰かが責任を持たなければなりません。それは、結局は、DPF 事業者しかいないのですね。

住田 私は、立法論的には、B だろうが C だろうが開示したらいいと思うんですけどね。なお、DPF 事業者は、取引 DPF 消費者保護法の制度に基づく開示を渋るのですけど、他方で、弁護士会から同じ照会をするとあっさり

と回答してくるということがしばしばあります。DPF 事業者は、**弁護士会照会**の方に誘導してくるわけですね。「取引 DPF 消費者保護法じゃなくて弁護士会照会でやってください」ということが定型文で書いてある事業者もいるくらいです。

> **弁護士会照会**　弁護士は、弁護士法23条に基づき、所属弁護士会を通じて「公務所又は公私の団体に照会して必要な事項の報告」を求めることができ、報告を求められた団体などは、原則として回答する義務を負う。23条照会ともいう。弁護士の情報、証拠収集手段として極めて重要なツールである。

坂東　なるほど。この法律の適用というよりは、弁護士会照会に誘導するのですね。何か理由があるのでしょうか。

住田　BtoC 性の点もありますが、もうひとつは、法律に基づく開示の実績をあまり作りたくないのではないでしょうか。実績が出てきてしまうと、将来的に開示の範囲をもっと広げろというお話になるかもしれないし。

坂東　ただ、そうすると弁護士が関わらないと情報開示ができないですよね。普通の消費者が「あれ!?　おかしいな」と思って特定情報だけを集めようとしてもできないわけですね。

住田　そのとおりですね。ですから、弁護士の間でも、最初から弁護士会照会でやったらいいんじゃないという人もいれば、せっかく制度ができたんだからそっちを使ってやるべきという人もいます。ただ、弁護士会照会の方が実はメリットがある点もあります。たとえば、それまでの出品履歴（詐欺的な商品を多数出品しているなどということがわかったりします）や、使用している口座についても必要に応じて回答してくれるということで、取引 DPF 消費者保護法の定める開示事項よりも開示される情報の範囲が広いわけです。実利をとって、だったらもう弁護士会照会でもいいんじゃないという考えになってしまいますよね。

坂東　相手方の特定だけではなく、他の重要な情報も教えてくれるわけです

ね。なるほど。

住田　この開示制度は、DPF 事業者としてはひとつの足かせです。DPF 参加者の情報を第三者に提供するわけですから、商売はやりにくくなる。ですので、あまり開示の実績を作りたくないという本音があるのかもしれません。

坂東　とりわけメルカリみたいな多数の個人が関与する DPF は、商品を出品している人について全部の情報を把握することは本当に大変なのでしょうね。

住田　そうですね。情報を把握すること自体がリスクでしかないわけです。なので、できるだけ情報を取得したくないわけですよね。情報漏洩のリスクもありますし、開示すべきか否かという差し迫った立場にも置かれたくないのはよくわかります。でも、DPF としては、長い目で見て、そういう関わり方で本当に良いのかということを考えてもらいたいなと思います。

坂東　しかも、下手に情報を把握してその情報が間違っていたら、当然、正確な情報に対する注意義務というか、確認義務も議論になってくる。本当に販売業者などを捕まえられるのかどうか、そのためには、販売業者などが一方的に言ってきた情報を登録しているだけで本当に良いのか、という問題はあるわけです。Amazon の複数の加盟店が偽ブランド品を売って、それで**行政処分**がなされましたが[2]、Amazon の Web に書いてあった住所に郵送された行政処分が受取人不在で帰ってきて、仕方ないから**公示送達**したという事件もありました。やっぱりどれが正しい所在地なのかというのは、お店の数が増えれば増えるほどよくわからないのでしょうね。デパートのテナントとは数が違います。

2　消費者庁「通信販売業者 13 事業者に対する行政処分について」（2020 年 4 月 7 日）〈https://www.caa.go.jp/notice/entry/019559/（2024 年 5 月 13 日最終確認）〉。

> **行政処分** 行政機関が法律の規定に基づいて、事業者などに対して、その権利を制限したり義務を課したりするなどを求める行政行為のことをいう。たとえば、消費者庁は、特商法の禁止行為に反する事業活動を行った事業者に対して、指示（業務改善命令）、2年以内の業務停止命令などを行うことができる。2023年度には特商法に基づいて、132件の行政処分が消費者庁やその委任を受けた都道府県によって出されている。

> **公示送達** 文書を送付する相手方の住所、居所あるいは就業場所などの送達場所がわからない場合や書留郵便などによっても送達ができない場合などに、当事者からの申立てまたは裁判所の命令によって、裁判所書記官が裁判所の掲示板に掲示をし、基本的には2週間が経過したならば、送達の効力が生ずるとする制度のこと。

2　DPFの法的責任

髙嶌　「とりあえず部屋は貸してやるけど、その中で売春をしようが麻薬の取引をしようが一切知りません」という理屈はもう通らないでしょうね。

坂東　本当はそうだと思いますね。ただ逆に言うと、デパートがテナントを入れるときにそのお店が信用できないということになると、デパートの信用そのものに直接繋がってくる。でも、今のところ、DPF事業者で営業している販売業者も個人も種々雑多で、怪しげな販売業者を含めていろいろな店舗が実はあるんだ、という空気感がDPFにはあります。ただ、DPF事業者も大企業になったわけだから、そろそろ社会的にも評価される立派な業者にならなければならいのではないでしょうか。

住田　そのあたりの市場原理がはたして本当に働くかどうかというところですね。広告を全部握っているのって最強なんですよね。百貨店の場合は本当にみずからのレピュテーションリスク（ネガティブな評価により企業のブランド価値や信用が低下するリスクのこと）が大きいのですが、DPFは、みずから

情報をコントロールできてしまいます。Facebook や Google は「実は悪い業者もいっぱい参加しています」という情報は絶対にみずから流しません。そうなってくるともう帝国ですよ。勝てない存在になってしまう。だからそれは危険だと思っていて。今、Facebook でも堂々と著名人をかたった偽の投資勧誘に関する広告が出てきますよね。絶対に本物じゃないんですけど、そういう著名人たちが広告に出てきて投資を進めるという相談を、よく聞きます。そして、実際の被害に繋がっています。

髙嶌 そこまで悪質ではない事例もいっぱいありますしね。楽天や Amazon で、あまりクレームは出ていません。というのも、たしか楽天は30万円までの被害であれば、楽天が保証してくれるからです。Amazon にも似たような制度がありました。なので、被害が現実化、紛争化していないだけであって、実際には変な業者もいっぱい入っています。私も、先日注文した商品が届いたのですが、欠損があったため問い合わせると、「直接メーカーに言え」と言われたことがありました。「楽天の本部に連絡するよ」と言ったらすぐに対応してくれましたけどね。

住田 楽天にしても Amazon にしても、気をつけないと、驚くほど身近に詐欺業者がいる可能性がありますね。アメリカでは製造物責任法上の製造者に DPF を入れる場合があり、民事的な責任を負う局面は出てきています。たとえば、Amazon が倉庫管理や流通を一括で面倒見ているケースにおいて、Amazon は製造物責任法の責任主体になりますよ、ということを認めたカリフォルニア州の裁判例もあります[3]。日本では、まだまだそこまで行くにはハードルが高いでしょうね。

髙嶌 BtoC に DPF が乗っかるというのであれば、まだ話はわかるのです

3　Loomis v. Amazon.com 事件（2021 年 4 月 26 日）では、ホバーボートの不具合による充電時の火災事故について、DPF であり直接の売主ではない Amazon の厳格製造物責任を認めた。裁判所は、①顧客とのやりとりをしていること、②注文をとっていること、③売主との取次を行っていること、④集金していること、⑤売上の一部の支払いを受けていることを重視している。

けど、メルカリのような CtoC の DPF の中に、事業者である B が紛れ込んで手数料稼ぎで市場を作っているということが一番ややこしいですね。

住田 そうですね。そこはさらに解決困難になってしまいますね。

高嶌 事例の Z さんも事業者じゃなくて普通の人だったら、逃れられてしまいますね。

住田 おっしゃるとおりです。「場を貸しているだけだから、その場の参加者が何をしても一切責任は取りません」という理屈は、そろそろ通用しなくなってきていると思いたいところではあります。

消費者団体はDPFの監視役になれるか

住田 たとえば、消費者団体や弁護士会といったある程度知見と見識がある団体が、「この DPF はこの部分はちゃんと頑張っているけれども、この部分はちょっと落第ですよ」といった評価制度を、作れないものなのでしょうか。あくまで監視であり、それが「お墨つき」になってしまうのは良くはないのですけれど。

坂東 自主的な対応として、消費者団体とのコミュニケーションをどうやって DPF 事業者がはかっていくか、それによって何のメリットがあって、何の危険性があるのかということがもう少し見えてこないと難しいかもしれません。消費者の方からしても、Amazon や楽天に、どれくらいの個人や販売業者が登録しているのかなんてちっともわからない。自分がそこで何か買うときの窓口はわかるけれども、それ以外のこと、全体像は何も見えない。だから、なかなか消費者団体が関わっていくということは、とても難しいと思います。問題が生じている DPF 事業者の中の販売業者の属性さえ知ることがとても大変であることを考えると、消費者団体として対話をするにしても、それは単純ではないのだろうなと思います。でも、本当はそれをやらないといけない。ネット取引の苦情が全体の消費者苦情の 3 割を占める時代な

んだから、ネット取引の苦情をどうやって解決していくかは間違いなく重大課題です。もう何でもかんでも訴訟で解決してくださいという話でもない。したがって、どういうルールを作るかということは、事業者にとっても大切だろうし、もちろん消費者にとっても大切なわけです。かといって、消費者1人だけでそこに乗り込んで行って何かができるわけでもないだろうから、消費者団体が役割を果たさなければならない。でも、DPF事業者も、一歩踏み込んだ対話を怖がらずに始めてほしいと思います。

高鼻 今の消費者団体で、そこまでできる余裕があるのかということも考えないといけませんね。金銭的にも人的資源としてもかなり厳しい現状があるわけですから。

住田 DPF事業者は、自主規制をやると言っています。それはそれでもちろんいいのですけど、自主規制とガチガチのハードな法規制の2択でなく、その間にやっぱり何か違う規制が必要ではないでしょうか。自主規制を信用して全部任せるというのはちょっと違うんじゃないかなと思いますね。

坂東 規制をする中にやっぱり消費者の意見を入れないと、業界の意見だけで自主規制をやってもまったく意味はありません。

住田 何件相談があって、どのくらいの水準で解決しているのかということもわかんない。ブラックボックスになっているのに、「ちゃんと解決すべき点はやっていますからご安心を」と言われてもわからないじゃないですか。

坂東 そのブラックボックスがどんどん増えている気がしています。たとえば、関係ない話だけど、USJの事件でもね、つくづく思うわけですよ。彼らは、「消費者からの申し出があれば、消費者からの問合せや苦情の解決に努力してる」と言う。実際そうなんだと思うけど、どれくらいの人が苦情や問合せを言ってきて、どれくらいの問題が解決されていて、どういう基準で問題が解決されているのか。それが見えない。だから、結局、病気になってチケットが無駄になった消費者の救済も、結局は文句を言う度胸というか、悪い言い方をすると声が大きい者が助かっているだけじゃないの、みたいなところもあって。これははたして解決なんだろうかという気はします。

住田　弁護士が電話したら、なぜかわからないけど解決することがありますよね。

坂東　やっぱり、それは透明性の観点から言っても決して良いことではありません。もちろん解決する努力を、否定するわけじゃない。だけど、声が大きい消費者が解決できるということも、世の中の現実として、たしかにそういう部分があることを否定できないかもしれないけど、やっぱりある程度の見えるルールがあったうえで、問題が解決するようにならないといけない。そのあたりのことを事業者の人も本当に考えて自主規制のイメージを作ってくれないと、結局、自分たちで決めた処理をして、その処理の仕方をブラックボックスにまた入れてしまうわけです。すると、自主規制の努力も結局評価されないことになります。でも、裁判になると自主規制やっていますよということを、裁判官は割と結構素直に聞いている感じもしていて、そこにも違和感があります。

住田　そうなんですよ。そこはどうなっているのでしょうかね。裁判官は興味ないのでかね。

坂東　そうそう。自主規制の内容が消費者にどれだけ開示されているのかを評価したわけじゃなくて、ちゃんと対応してルールが内部にはありますと言うだけのことが裁判での判断に影響を与えているとすると、どうしても違和感が残る。裁判官は、内部規範があることだけで、ずいぶんと事業者に優しい。なぜなんですかね。

住田　裁判官は、基本的に、大企業には信頼感を置いていますよね。ちょっと話がずれるかもしれませんが、最近、口コミサイトの食べログが飲食店のランキングづけで不正な操作をしているという訴訟がありました。東京地裁では、原告である飲食店が勝訴したのですが、東京高裁では、逆転で食べログの運営者であるカカクコムが勝ってしまいました[4]。この件では長らくの間、判決文そのものが公開されていないという状況にありました。

4　東京高裁令和6年1月19日判決公刊物未登載

高嶋 判決文の中に何か営業秘密についての記載があるということなんでしょうね。

住田 そうでしょうね。どういうアルゴリズムでランキングを上下させるかというのがおそらく、メインテーマになるので。とにかく、事業者も含めて今DPFに依存している状態にあることは間違いないので、消費者問題を超えてDPFをどうしていくのかについて議論を深めていかなければなりません。

坂東 そうですね。ネット通販が消費者取引の大きな部分を占めるようになった結果、AmazonといったDPF事業者の加盟店になっていないと、売る手段が限定されることになる。さっきのアルゴリズムじゃないけども、ネットや販売サイトで商品などの検索をしたときに、検索結果の上の方に出てくるようにしないと、結局商売として成り立たないところがあるわけですよね。それこそ、何もかもDPF事業者の仕組みの中に組み込まれてしまっている感じすらするわけです。

住田 弁護士ですらそうですよ。弁護士も今、たとえば、弁護士ドットコムというDPFがあって、登録している弁護士はすごく多いですね。私は登録していないですけど。そして、弁護士に依頼しようという消費者だけでなく、弁護士もこれらの広告に依存していることが結構多いと思います。あらゆる商売がDPFに握られてしまっているという現状がありますね。大学くらいじゃないですか、そこからフリーなのは。

坂東 いやぁ、どうだろうな……。そのうち、大学もDPFの影響を受けるようになるかもしれません。DPFにどのように関わっていくか、関わっていく手段として何を使うかというときに、やっぱりある程度、消費者の視点を持って関わっていかないと物事を整理ができないのは事実でしょうね。

- DPFの参加者、利用者間にトラブルが起きても誰も責任をとらない仕組みが完成してしまうおそれがある。
- 取引DPF消費者保護法5条に基づく販売業者等情報開示請求は、DPFは、当該取引がCtoC取引と判断した場合には開示拒絶するため、制度として十分に機能していない。
- DPFをめぐるトラブルの解決については、DPFの自主規制に委ねきりにせず、法律や準則に従わせ、第三者の監視にかからしめる必要がある。

6 章

将来の不安をあおる「投資詐欺」

　政府は、2001年に「貯蓄から投資へ」との方針を打ち出し、さらに2019年には金融審議会市場ワーキング・グループが「老後30年間に2,000万円が不足する」との報告書を公表し、国をあげて国民を投資に駆り立てています。他方で、SNSを契機とする投資詐欺被害は増加の一途をたどり、警察庁によれば2024年１〜６月の被害件数は5,068件、被害額は実に660億円を超えています[1]。「投資」とは何かについて十分教育を受けないまま、「よくわからないけれど、投資しなければならない」と思って詐欺にお金を注ぎ込んでしまっています。

　消費者は、どのように「投資」とつき合えばよいのでしょうか。また、投資詐欺をなくすためにはどうすればよいのでしょうか。

事例 トルコリラ建仕組債

　X（消費者、会社経営者、50代）は、2018年８月10日、かねてから取引のある証券会社Yの担当者Pから、特別のお客様だけへのご案内ということで、トルコリラ建債券の購入提案を受けた。

　Xは、聞き慣れない商品であったため、Pにどのような商品か聞いたところ、Pは、①仕組債とは「債券」の一種で、社債や国債などと同様、いちど買えばそのまま持っておけばよい商品であって、資産の安定運用を目的としているXにぴったりであること、②仕組みとしては円安に進めば得をする商品であ

1　警察庁「令和６年７月末におけるＳＮＳ型投資・ロマンス詐欺の認知・検挙状況等について」〈https://www.npa.go.jp/bureau/criminal/souni/sns-romance/sns-touroma2024.pdf（2024年９月２日最終閲覧）〉。

発行者　Ｎ地方金融公社 発行形態債券発行プログラム
額面金額　100万円

発行日：2018年8月23日
満期償還日：2023年8月23日
利払い及び償還通貨 日本円（利払い及び早期償還）：日本円またはトルコリラ

初回利払日利率：当初6ヶ月間 年5.00%

その後の利率：
　　1）以降4年6カ月間 利率判定日の参照為替が利率判定為替以上の円安の場合、年5.00%
　　2）利率判定日の参照為替が利率判定為替未満の円高の場合、年0.05%
参照為替：円／ユーロ参照為替（ロイターページ ECB37 における中央ヨーロッパ時間午後2時15分頃の1ユーロあたりの日本円）÷ トルコリラ／ユーロ参照為替（同1ユーロ 参照為替 あたりのトルコリラ）

利率判定日：2019年8月23日から2023年8月23日までの各利払日の15営業日前の日

基準為替：発行日の参照為替

利率判定為替：基準為替　－3.00円

利払日：各年8月23日及び2月23日

満期償還額：
　　1）最終償還判定日の参照為替が償還判定為替以上の円安の場合　100万円
　　2）最終償還判定日の参照為替が償還判定為替未満の円高の場合
　　　　100万円 ÷ 基準為替で算出される額のトルコリラ

償還判定為替：基準為替　－　5.00円

最終償還判定日：満期償還日の15営業日前の日

強制早期償還条項：いずれかの強制早期償還判定日（強制早期償還日の15営業日前の日）の参照為替が強制早期償還判定為替と等しいかそれを上回る円安の場合、直後の強制早期償還日に額面の100%で早期償還されます。

強制早期償還判定為替：基準為替
強制早期償還日：2019年2月23日から2023年2月23日までの各利払日

り、どうせ今後も円安の傾向は変わらないから、年利5％の利益をとったうえで強制早期償還がされて利益が確定される見込みが高いこと、③リスクとしては、万一、円高に進んだ場合があげられるが、最悪の事態となっても元本が今のレートで計算したトルコリラで戻ってくるだけだからたいしたことはないと述べた。

　Ｘは、これまで株式や投資信託は購入したことがあったものの、いずれも国内の円建てのものばかりであり、トルコリラやユーロが関連する商品についてはこれまで取引を経験したことがなかったが、今までいろいろとお世話になり、また信頼を寄せているＰの説明であれば間違いがないであろうと考え、こ

れを10口1,000万円分購入した。

　しかし、その後、トルコリラ／円は円高リラ安が進み（2018年8月23日は1トルコリラ＝20円、2023年8月8日は1トルコリラ＝5円）、結局、償還判定未満の円高となり、トルコリラで償還されることとなった。その結果、Ｘは、償還日に500,000トルコリラ（償還日のレートで2,500,000円相当）を受け取り、クーポンあわせて700万円以上の損失となった。

　ＸはＹに対して、何らかの責任を追及できるだろうか。また、Ｐを安易に信じたＸにも落ち度はないだろうか。

投資詐欺の隆盛

1　「美味しい話」はほとんど詐欺

坂東　最近はNISAなど若い人も貯蓄から投資にシフトしてもらいたいという国の政策的な思惑があるみたいです。投資については、まともな会社であっても問題があるところもいっぱいあります。金融商品の体をなしているものもあれば、はっきり言って、金を巻き上げているだけの投資の仮面をかぶった詐欺的なものもあります。SNSで見かける美味しい話はほとんど詐欺です。ありとあらゆるものが投資という言葉の中に入ってしまっていて、それを正確に理解するだけでも、大変な労力と大変な能力が必要とされる気がします。

高嶌　過去には、大手の保険会社でも、**変額保険**なんていう無茶苦茶な商品をね、大々的に売り出していたわけですからね。

> **変額保険**　生命保険の一種であるが、保険会社が契約者から集めた保険料を、株式、債券や投資信託などの金融商品を対象とする特別勘定で運用し、その運用のパフォーマンスによって保険金や解約返戻金が変動する保険商品のことで

ある。銀行の融資とセットで、バブル期〜平成1桁台に相続対策などと称して多数売られ、販売時のリスクの説明不足によって多くの被害者を出した。

　近年では、為替リスクのある外貨建て保険が、今度は、銀行の「窓販」(銀行が保険代理店として保険を売ること。多数の手数料を容易に稼げる) により多数売られ、やはり説明不足、短期間の乗換えなどの問題があるとして、金融庁から再三にわたり販売方法の改善を求められており、同じ問題が繰り返されている。

　これらの保険は、通常の保険とは異なり、元本欠損リスクがあり、金融商品取引法が準用される。

坂東　本当そうです。だから、若い人は投資という言葉にだまされないようにしないと、大変まずいわけです。**適合性原則**が、投資取引でどれくらい役に立っているのか裁判例を調べたのだけど、実際の問題解決には何も役に立っていない。

適合性原則　金融商品の販売に際して顧客の知識、経験、年齢、財産状況などを考慮して勧誘をしなければならないとするルール。法的には、金融商品取引法40条1項に規定されている。

住田　京都の弁護士でつくる「京都情報商材被害対策弁護団」という弁護団があるのですが、ほとんど毎日、詐欺の被害者から相談が来ます。その7〜8割がSNS経由の「お金儲け」勧誘の詐欺ですね。そのほか、「副業したら儲かりますよ」という副業サポート詐欺もあるのですが、振り込み詐欺に近い形の投資詐欺がかなりの割合を占めています。この「お金儲け」詐欺は「国際ロマンス詐欺」と言われていましたけど、今は「ロマンス」の要素はあまりないので、「ロマンスじゃないからうちは大丈夫だ」と思っている人がいるので、国際ロマンス詐欺という言葉は使わない方が良いと思っています。

坂東　SNSやネットを介して、投資的取引の勧誘がなされる事例が多いの

ですね。

住田 最近多いパターンは、「投資グループに入りましょう」という詐欺ですね。有名人の名前を使って、「その有名人の投資グループはすごく成果をあげています、LINE に登録してください」と言われて LINE に登録するというわけですね。ほかの人たちは、まあ、サクラなんですけど、すごく儲かっていると。いろいろなサポートを受けられるので、安心ですよと周りが盛り上げてくれるんですね。だったら、私もした方が良いなと思ってお金を出すのですが、当然戻ってこないですね。

坂東 会社とかじゃなくて、個人にお金を渡すんですよね。

住田 詐欺業者の口座のはずなんですが、なぜか口座名義は個人や別法人の名前になっていますね。多くは外国人の名前だったりします。個人の口座にお金を入れてくださいと言われる時点でおかしいなと思う人がいるかもしれません。ただ、それまで投資をあまりやったことがない人の多くは、「それはそういうもんだ」ということでお金を入れてしまいますね。この投資詐欺は、一旦は儲かったように見えるんですね。たとえば、暗号資産の投資のケースでは、暗号資産のソフトがあるんですね。暗号資産の FX、証拠金取引です。お金を入れて、ちょっと指標が変わるだけですごく利益がとれるという取引があるんですけど、ソフト上は、すごく儲かっているように見えるんですね。スマホの画面の数字を見て、「たしかに、この人の言っていることは正しい」「私の入れたお金は画面には反映されている」と画面上は儲かっているように見える。けれども、それはソフト上では儲かっているように見えるだけで、実際にはお金は入っていないんですね。いざ、実際にお金を引き出そうとすると、ちょっと待ってくださいと。「今、当局からいろいろと言われていてすぐには出せません。出すためにはお金が必要になります」「税金がかかるので、税金を払ってもらわないとお金を引き出せません」などと言って、さらにお金をとるわけです。そして、最終的にはもちろんお金は引き出せません。こういうケースが多いですね。

　本当に数千万円単位でお金を失っている人もいます。実態としては完全な

詐欺です。被害者の属性は、老若男女問いません。会社の経営をしている人もいれば、高齢者もいれば、若い人もいます。

高嶌 全部オンラインで完結してしまうのですね。

住田 はい。電話番号もわかりません。多くの場合は勧誘者の LINE のアカウントしかわからない。

坂東 LINE のアカウントがわかったところで、相手を特定することは難しい。

住田 そうですね。ただ、2023年の 6 月から、LINE は、アカウントさえ特定できれば、アカウントについての情報を一部開示するという運用をする旨うたっています。ただアカウント名だけだと、たとえば、「ABC」というアカウントは世界中にいっぱいあるので、「ABC」だけでは特定したことになりません。また、一応答えてくれることにはなっているとはいえ、そこから何がわかるかというと、2 段階認証で登録された電話番号がわかればいい方なので、そこから先に進むことがなかなかできません。なので、責任を追及する相手方すら探すことができないというケースが多いですね。LINE 経由の情報収集はやるとして、口座から相手方を特定するというのはひとつの方法ですね。口座名義人の情報を銀行に調べてもらうと。弁護士会からの照会 [→151頁] をかけるとか、いくつか方法があります。あとは警察に相談して警察がちゃんと捜査してくれればいいんですけれども、なかなか、警察もこの種の件では、積極的に捜査してくれないという状況があります。

高嶌 オンラインの関係だけで、何百万円もお金をつぎ込んでしまうというケースでは、どうしたらそんな勧誘ができるのということが、すごく気になるところですね。何かやっぱり、マニュアルみたいなものがあるのでしょうね。

住田 もちろん、最初から何百万円というお金を注ぎ込むわけではなくてですね。最初は大体10万円とか20万円といった少額で試してみて、儲けさせるわけです。最初は一部の出金に応じる業者もいますね。いくらか返して、実際にお金が戻ってくるということを覚えさせて、そこからが本当の勝負とい

うわけですね。

坂東 あと、ネットのグループの中でいろいろな情報の交流がなされているように見えると、それを信じてしまう人が多いですね。1対1じゃないというところに大きな意味があって、SNSを使って、複数人が関与して割と盛り上がっていろいろな議論をしていたりすると、その中にいる自分もと思ってしまうところもあるのでしょうね。そのグループで出てきている情報の信頼性について、もしわからなかったとしても「わからない私がダメなんだ」という空気になってしまいがちなのは、事実なのかなと思いましたね。

高鷲 1人じゃないから安心するのでしょうね。

住田 1対1の対面で話をするより、オンラインで、そのグループの中にいる方が信頼させやすいのでしょうね。

坂東 そうですね。だからそこのところにももっとメスが入らなきゃいけないのかもしれないんだけど。SNSで会ったこともない人と身近な投資グループが作られて取引に使われてしまうということは、私達の消費生活にとっては恐ろしい話だなという気がしますよね。

住田 「秘密を共有している仲間なんだ」という感覚がかなりあると思いますね。

坂東 おっしゃるとおりですよね。SNSは、リアルの話とそうじゃない話、会ったこともない人たちがたくさんいるという世界なわけで。そこをどう考えていけばいいのかということは簡単ではありません。やっぱり今、消費生活相談とかでもSNSがきっかけの被害がとにかく増え続けていますからね。

住田 最初はInstagramが多いですね。ただ、Instagramで完結することは少なくてどこかの段階でLINEに移行するということがほとんどですね。

坂東 詐欺事件っていうのは最後はLINEで繋がっていることがほとんどです。結局LINEで繋がった先の相手が一体誰なのかわからないのですが。インフルエンサーのSNSに詐欺広告を載せて、その広告を見た人からお金をだまし取ろうとする詐欺事件も、最後までインフルエンサーと繋がっていると被害者は本気で思っていたけど、実は情報提供している詐欺グループの人

と繋がっているわけです。インフルエンサーらしきアカウントの名前を使って、情報提供してくると見抜けないよね。

住田 見抜けないですね。Instagram の人と LINE の人の関係も、よく考えればわからないですね。

坂東 これが投資のレベルで行われてしまうと、その瞬間の詐欺ではなくて積み重なっていく詐欺になってしまうので。ポイント・オブ・リターンを探すのはとても難しいでしょうね。だから、「SNS の投資詐欺には、こういうパターンが多いから注意しましょう」と注意喚起することは一定の意味があるんですよ。

住田 被害にあった人に、「こういうニュースがあったとか、こういう被害が流行しています。ご存知でしたか」と聞くわけですけど、大体、知らないんですよね。知っていたら、警戒をするのかもしれないなと思うのですけれどもね。ただ、それだけでは、こういった詐欺は根本的にはなくならない。

坂東 手を変え品を変え上手に仕組みを作るわけですよね。

2 投資詐欺の二次被害

住田 さらに、この「解決が難しい」という点をさらに逆手にとった二次被害っていうのも実は増えています。恥ずかしいことに、それに加担している弁護士もいます。「必ず解決できます」と言ってまたお金を取るというね。そういう人たちはひょっとしたら、加害者と何らかの接点がある人たちなのかもしれないと思ってしまうくらいです。

坂東 今のおっしゃった例とまったく同じ相談を私も受けています。ロマンス詐欺でずいぶんとお金を投資してしまって、それを救済するためにネットで「ロマンス詐欺救済」と調べたら、特定の弁護士に繋がって、そこでまた100万円を渡してしまった。全然連絡が来ないんだけどどうしよう、という相談なんですね。調べてみたら、弁護士会から処分を受けている弁護士だったりするわけです。困ったもんだなと。

住田 その弁護士も、集客のための広告に莫大な費用を費やしているはずな

んですね。結局、プラットフォームが関わってくるんですけどもね。たとえば、「ロマンス詐欺」というキーワードを入れると上位に表示されるように、広告を出しているのです。あれは、表示されてクリックされると課金されるというシステムで、しかも、その価格はセリで決まります。人気のあるキーワードで、「私はいくらまでだったら払うから上位に表示してくれ」と広告料をせり上げていくんです。だから、めちゃくちゃ事件がほしい弁護士は、そのお金をつりあげるわけです。

　救いのない話なんですけれども、投資詐欺に関しては、今、**リスティング広告**を含めて、この黄金パターンがうまくはまってしまっています。昔みたいな、詐欺師の足がつく、そして足がつけば多少は回収できるという状況にはない、というのが実態ですね。

> **リスティング広告**　Googleなどの検索エンジンで、ユーザーが検索したキーワードによって、検索結果表示画面に掲載される広告。検索連動型広告ともいう。ウェブ上の広告は、かつてはディスプレイ広告、バナー広告のようにはっきりと「広告欄」として存在し、コンテンツとは別の領域に存在していたが、近年は、コンテンツと一体化しこれに溶け込むような形で存在することが多い（ネイティブ広告）。ネイティブ広告の特徴は、ユーザーは、広告であると意識せずに広告を見るということである。リスティング広告は、あたかも検索結果の一部であるかのように受け止められる効果を狙っている。

証券会社（金融商品取引業者）が販売する「仕組債」

1　「仕組債」とは？

住田　かたや、投資詐欺ではない通常の投資はどうか。ちょっと難しいかもしれませんが、最近まで売られていたし、今もちょっとまた復活の兆しがあ

るのかもしれませんので、冒頭の事例で「仕組債」について考えてみました。

　一応、仕組債は債券ですね。冒頭の事例ではトルコリラ建て債券ということで、オーダーメイドの債券です、あなただけにおすすめします、ということで提示されたものです。発行日が2018年8月23日で、5年で償還されますよと。それだと普通の債券なんですけれども、いろいろ仕組みがあるわけです。利率は、まず最初の6カ月間は、とりあえず年5％をお支払いしますと。

高薵　これは大手の証券会社ですか。

住田　はい。大手の証券会社が実際に出しているものを参考にしました。これは、最初の6カ月は5％なんですが、以降4年6カ月間も、6カ月ごとに利息がつきます。ただし、どのように利息がつくかというと、利率判定日の参照為替が利率判定為替（発行日のレート－3円）以上の円安であれば年5％もらえるけれど、利率判定日の参照為替が利率判定為替未満の円高の場合は、なんと年0.05％になってしまう。これ、デジタル・クーポン債というものなのですが、利息のつき方がデジタル、0か1か、要するにめちゃくちゃ利息がもらえるときと全然利息がもらえないときがありますよ、という債券です。

　簡単にいうと、発行日のレートから3円高より円安の範囲であれば、年5％はもらえます。ただし、そのレートよりも円高だと年0.05％しかもらえません。

高薵　外貨建て預金をしていて、少し儲かった人だと乗ってきやすいかもしれませんね。

住田　そうです。勧誘する人は、外貨建預金みたいなものだと説明する人がいるかもしれませんね。

　ただし、ややこしいことに、円安が進みすぎるとどうなるか。具体的には、各利払い日の15日前の段階で発行日のレートより円安になってしまうと、その時点で額面で早期強制償還、100万円で戻ってきてしまいます。それ以上、お客さんには儲けさせないということですね。

あと、償還、つまり債券が返ってくるときにどうなるかについても仕組み
があって、最終判定日、つまり2023年8月23日の15日前のレートが、為替償
還判定為替（発行日のレート−5円）以上だった場合は、100万円で額面金額が
返ってきます。ただし、残念ながら、これよりも円高になってしまっていた
場合には、これがトルコリラで返ってきます。しかも、そのときのレート
は、100万円÷「発行日のレート」、つまり、今よりも円安だった時期のレー
トで算出されたトルコリラですよ、ということなんですね。

高嶌　とことん業者に有利なシステムで運営されているんですね。

住田　さて、担当者Ｐの説明はこうでした。仕組債は、債券の一種です。
たとえば、社債や国債と同じように、何も取引なんかしなくていいんです。
一度買ったら償還までずっと持っておいてください。何もする必要はありま
せん。だから、あちこち資産を動かさなくていい。あなたにぴったりの商品
です。仕組みとしては円安に進めば得であると。今後も円安の傾向は変わら
ないので、年利5％の利益を取ってくださいと。リスクとしては万が一、円
高に進んでしまうと損をする可能性はありますが、最悪の事態になっても、
今のレートで計算したトルコリラが戻ってくるので、たいしたことはありま
せん。このように言いましたね。さて、Ｐは、間違った説明をしているのが
おわかりでしょうか。

　その後、あてが外れて円高リラ安（1トルコリラ＝20円→1トルコリラ＝5
円）が進んで、償還判定未満の円高となり、トルコリラで償還されることに
なりました。しかも、その場合にはリラ高だった基準為替、つまり発行当時
のレートで計算するので、1,000万円÷20＝500,000トルコリラということで、
250万円相当にしかならない。とすると、クーポンを入れても700万円以上の
損失に終わってしまったのです。

高嶌　ほとんどの消費者にはそこまで想定することはできないでしょうね。

住田　こういう事件が実際にたくさんあって、金融庁が、さすがに問題があ
るので考え直してくださいと言ったこともあり、大手の証券会社や中堅証券
会社は今はもう売るのをやめている商品ですね。こういった仕組債が一体ど

ういうものかというと、債券なんですけども、実際の経済的効果としては、**オプション取引**になります。オプションが仕組まれた債券、ということで仕組債と言われています。顧客は、債券を買っているつもりが、**プット・オプション**の売りということをさせられているのです。

オプション取引　デリバティブ取引の一種。将来のあらかじめ決められた期日に、あらかじめ決められた価格で、ある資産を「買う権利」や「売る権利」を売買すること。

プット・オプション　オプション取引のうち「売る権利」をいう。「プット・オプションの売り」は「売る権利」を「売る」わけであるから、プレミアム（権利の対価）を受け取ることと引き換えに、将来のあらかじめ決められた期日に、あらかじめ決められた価格で、ある資産を「買う義務」（売る権利を行使される）を負うこととなる。

　たとえば、あるプット・オプションの行使価格10,000円で、期日における市場価格12,000円の場合、買い手は、わざわざ「10,000円で買ってくれ」とは言わない（12,000円で売れるので）ため、権利行使はしない。よって、プレミアム分の利益がそのまま売り手の利益となり、これは市場価格がどれだけ上がろうとも同じである（利益限定）。ところが、市場価格が10,000円未満の場合、買い手から「10,000円で買ってくれ」と、権利行使されてしまう。この場合、市場価格が下落すればするほど損失は拡大する（損失無限定）。このように、売り手と買い手で損益が非対称的なのがオプション取引の特徴である。

高嶌　通常の外貨建債券だったらもう単に外貨預金と変わらないですね。

住田　そうです。この商品は、利益構造としては、外貨預金よりも、為替のプット・オプションの売りに似ています。つまり、プットオプションを売るということは、簡単にいえば、保険会社に似た立場に立たされているのですね。保険会社は何かあったときのリスクを負うという立場ですね。火災保険

は火事が起こったときにお金を支払う、生命保険は亡くなったときにお金を支払うという立場です。そのかわり、保険料という限定された利益をもらうわけです。普通、消費者側がそういう立場には置かれることはないのですが、仕組債では、そういった立場にいきなり置かれてしまう。つまり、顧客の利益が限定されるわけです。たとえば、この商品はリラ高／円安に進めば基本的には良い、という商品でしたが、どれだけ円安が進んでも強制早期償還条項があるので、そこでおしまいになってしまうのですね。その時点で自分の得られる利益が決まっているわけです。その反面、マイナス面は、無限定です。リラ安／円高が進めば、償還日にその損失をまるごと引き受ける商品になっています。

髙嶌 通常の消費者には、無限定の損失を引き受ける資力はありませんね。

住田 このようなハイリスクで複雑な商品なのに、今までは良くない売り方がされてきたということで、金融庁が、新規で売ってはいけません、売るのならこういうことに注意してくださいと一昨年から去年にかけて、進めてきたところです。ただし、こういったものがいまだに売られているし、今後も、似たようなものが売られないという保証はないわけですね。つまり、証券会社は、一生懸命、消費者のことを考えてくれているわけではなくて、むしろ、消費者にいかに見かけが良さそうでも、中身が消費者にとって良くないものを売る可能性があるということが一番恐ろしいのではないでしょうか。

2 会社経営者なら「仕組債」は理解できるのか？

坂東 Xさんは会社経営者だからそれなりの経済判断ができるとしても、そもそも仕組債という金融商品を、投資について詳しくない人に売っていいのかという問題もあります。この仕組債とは何であるかを理解できる人はそうそういないでしょうね。

住田 これは理解できないと思います。ところがある裁判官は、会社経営者だったり、大学を卒業してる人だったりした場合、わかったはずだったと言

うわけです。裁判官は、とても頭が良いですから。それは、誰かが噛み砕いて説明して仕組み、つまり、カラクリがわかってしまえばわかるのですけど、その当時の消費者が置かれた状況下では、そのカラクリについては普通はわからないわけですね。今、私がある程度説明しましたけれども、そのような予備知識を持たずにこの商品説明文書だけを見ただけで、この仕組債について理解できる人はほとんどいないはずです。

坂東 強制早期償還というのが定められていること自体、投資した側から見ると、証券会社の判断でいつでもやめられることになっちゃうわけです。何のメリットもないと言えば何のメリットもないわけですよね。なので、投資のことがわかっていない人がそういうことをイメージできるかというとなかなか難しいです。本当に。

住田 そもそも投資のことをわかっている人であれば、このような商品は買わないわけです。もし、Ｘさんが投資について詳しい人だったら、これ、よく考えたら「トルコリラと円の為替オプション、プット・オプションの売りポジションを持ってたらいいんじゃないですか」「その場合のクーポンはいくらですか」「それと比べないといけませんね」「なんで、こんなわけのわかんないものを買うのですか」と聞くわけですね。この仕組債は、その商品の、完全な下位互換なんですね。手数料が載っけられている分、利益も目減りしますし、万一、やめたいときにも市場で手放すことができません。

坂東 買う方にメリットはないよね。そもそも投資は一定の利益が上がることを目的としてやるんだけど、自分の利益だけが目的では投資は機能しないところがありますよね。結局、投資することによって何の意味があるのかということがわかっていないと、投資商品って本当は選べないはずだと思うのです。たとえば、災害があった所の復興に使う債券ですよとか。それはもう極論を言うと、利益が上がらなくてもいいやというレベルのお金をそこに投資して、社会的に使ってもらえるんだったら、いいよというくらいの価値判断でやるものだと個人的には思うのです。こういう金融商品は、本当に誰のために動いているのかが全然わからない。

住田 金融工学を駆使した単なるマネーゲームですね。しいて言えば、証券会社に太い顧客がいて、その太い顧客は、おそらくこれと反対のポジションを持っている場合、このような商品を組成するということは十分にありうると思います。単なるマネーゲームの方がまだ良心的です。

坂東 マネーゲームでしかないものを、そもそもマネーゲームの利益が制限されている個々の消費者にそういった金融商品を売るのは、私なんかは反則だと思います。反則だということは、要するに適合性原則違反 [→163頁] です。

髙嶌 現在では、投資に関しては大手企業と消費者とでは、使えるシステムや入手できる情報が桁違いですから、そもそもゲームになりませんね。仮にゲームだったとしても、場の動向も3カ月先の天気も全部大手資本が基礎データを握っているわけですから、長期的に見れば個人投資家が勝てるわけがありません。

住田 しかも、悪いゲームですね。負けやすい、勝っても大勝ちさせてもらえないゲームでは、単なるゲームよりも悪いんですよ。

坂東 だって強制償還されちゃうわけだから、ルール上負ける可能性が大きい。勝つとしてもそれは限度がある。一方、負けるときは徹底的に負けます。公平でもないゲームですよね。

住田 さっき適合性原則のことをおっしゃっていましたが、仕組債でも適合性原則違反で顧客側が勝っているケースはわずかですがあります。仕組債の分野では、説明義務違反が議論されていることが多くあります。顧客としてこの商品は適合しないことはないけれども、説明が間違っていましたということです。説明がおろそかでしたという理由でしか勝てていないケースがほとんどです。お客さんに損をさせる、つまり、手数料稼ぎをするという目的が露骨なので、先物取引やこれに類似する取引では、適合性原則違反で勝っている事件は比較的多いのですが、それを除けば、仕組債を含めて、証券取引、金融商品取引の分野で適合性原則違反で勝っている事件は最近では少ないというのが現状ですね。

坂東 理屈では、適合性原則違反には、広義と狭義の意味があります。消費者に対して、そもそもこういう金融商品は販売してはならないという適合性原則違反が広義のものです。実際に法律で問題になっている適合性原則違反は狭義のもので、説明義務とリンクしていて、本当に適切な説明がなされなければ、こんな商品は販売してはいけないというものです。すると、冒頭の事例を見ると、こんな商品をこんな人に売っていいわけではないという感覚と、法律的に争われる適合性の議論が必ずしもしっくりこないのです。結局、それは適合性原則の問題ではなく、説明義務の問題だよねということになってしまうわけですね。一時期、適合性原則の議論は、とても脚光を浴びた時期があったのですが、それを使った実際の被害救済は判例でもなかなか認められていない。もちろん、いまだにとても重要な法理だとは思いますが、適合性原則を正面から認める事件は、本当にわずかしかなくて。なかなかこれも厳しいなとあらためて思いますね。

住田 私が覚えているのは、10年くらい前ですが、京都弁護士会の弁護士が判決を取った事件で、適合性原則違反で勝った事件があります。被害者が中国残留孤児の方であったということが大きいのではないでしょうか。いわゆる被害者の属性、高齢者だったり、成年被後見人だったり、日本語がわからない人であったりといった特別な属性がない限りはなかなか認められないというのが、残念ながら現状です。だから、たとえば、この X さんは会社経営者ですから、それだけで適合性原則違反はないと考えてしまう裁判所はある程度ありそうです。でも、本当にそれで良いのでしょうか。この件に関しては、会社経営者であろうと、誰であろうと、仕組みについてわからないというレベルのものだと思うのですけれども……。

坂東 金融商品が複雑で、普通の消費者が経験している投資取引の枠組みではとても理解できない。その金融商品の前提には複雑な計算と事業者に有利なリスク管理がなされている。それを投資に関する文書で説明されても、ほとんどわからない。

住田 裁判官は、頭が良いものですから、「ある程度複雑なものであっても

よく考えればわかるでしょ」という発想があります。でも、それは、後から振り返っているからわかるわけです。弁護士が、訴状とかで「これこれこういう商品です」と解説してしまうので、裁判所は、「なるほどね。まあわかる」という感じでね。

坂東 難しいところですね。

住田 証券会社は、そのようなギャップも意識していると思っています。商品を組成する人たちも、一見して良い商品を作るわけですね。でも、よくよく考えてみると、いろいろな不利な点もある。目のつけ所がいい人だったらおそらくわかる。「よく考えるとわかるでしょ」と後で言えるように作ってあるのではないでしょうか。

坂東 消費者問題は、積み重ねられてだんだん誤解をしていくわけです。すると、決定的にどこが悪かったかということを、契約締結過程の中で指摘することはとても難しいんですよね。もちろん、後で評価するときは、不実告知である、断定的判断の提供である、といったことを言わなければなりませんが、実際の取引は、積み重なってそういう認識に至るわけだから、そここの評価は、金融商品であればますます難しいですよね。

住田 弁護士は、この手の投資被害について法律構成をするときは、いろいろな要素を一体的に捉えて、全体として見たらこんなことをしたら駄目だよねという方向で、裁判所に提示しないといけません。これらをぶつ切りにして、たとえば、説明義務違反がある、適合性原則違反がある、新規委託者保護義務違反がある、不招請勧誘違反がある、過当取引の違反がある、と要素を個別に並べていくと、それらをバラバラに各個撃破されてしまいます。バラバラに見えても、本当はすべて同じことについて述べているはずなんです。同じことについて、切り口を変えると、こういうふうに評価できるというだけの話なので。それを、個別の要素の寄せ集めのように書いてしまうと、裁判ではなかなか認められないケースはよく経験することです。

3 消費者の「落ち度」？

坂東 あと、裁判官は、儲け話に対する清潔性というか、儲かると思った段階で過失とか落ち度があるとする人もいますよね。愚痴になってしまいますけど。

住田 あれだけ政府から「貯蓄から投資へ」「老後に2,000万円ないといけない」とさんざん言われて投資していたのに、いざ裁判になると裁判所から「なぜ投資しようと思ったんだ」と言われても困ると思うんですが……。そういった落ち度を取ろうとする裁判官は、もうちょっと消費者の心理を考えてほしいですし、事業者の義務違反と同程度の重みで「落ち度」について考えてほしくはありません。

坂東 そうですよね。経済的余裕がいっぱいある一定の資産を持っていて余裕を持って投資にまわせるという人は決して多いわけではないじゃないですか。にもかかわらず、投資をしろという大きな流れがあります。そのあたりのギャップは、実際のところは大きいですよね。

投資と教育

1 投資のための教育は必要なのか

住田 どのように資産を増やすかという投資に関する教育よりも、投資詐欺に引っかからない教育を想定すべきじゃないかと思いますが、投資教育に関してはどのようにお考えですか。

坂東 大変難しい問題ですね。これだけ社会が複雑になってきています。ある程度まではわかっておかないと、いざという場合にそれを拒絶することも簡単じゃない。そして、違法な勧誘の仕方がどんどん作り出されている現実を考えると、本来の投資は一体どういうものかということをわかっておく必

要はあるという気は個人的にはしています。ただ、教育によって理解すべきことについての基本的な合意が社会にあるのかと言われると、とても難しい。投資によって利益が上がる場合もあれば、上がらない場合もあるという認識が共通だったとしたら、結局それは投資しなさいという話に繋がっていきかねません。だから、何を教育するのかということについてよほどちゃんと考えておかなければならない。

　最近は、証券会社が積極的に投資の教育を担っていく空気もあるけども、そうするとどうしても投資そのものが意義があるという価値が出てくる。決してそれだけではないよねというところも含めて、投資教育をどうやっていくかを丁寧に議論して考えていかなければいけない時期に来ているのかなという気はします。投資を生活の中に組み入れていきなさいという踏み込んだ風潮が形成されてしまうと、十分な判断ができないうちに、言葉は悪いけど、その風潮が刷り込まれ投資が当たり前になってしまう。すると、投資の仮面を被った違法な詐欺的なものに耐性が効かなくなってしまう可能性があるわけです。それは非常に危険です。お金の使い方はその人の生き方みたいなところもあるので、最後は教育というか、だます人がいることも理解して、すべての金融商品が、あなたにとってプラスになるわけではないということを理解しなければなりません。金融商品は自分のお金が自分の手を離れて、投資先がお金を利用するという商品だということも、わからなければならない。簡単じゃないですよね。

住田　たとえば、こういうものは投資ではないんだということを教える教育は必要ですよね。教育なのかどうかわからないですが、投資詐欺が横行していて簡単にお金を失っている人がいるという話は、注意喚起としては当然必要です。投資をしたい人がいるということは理解できますが、「投資はしなくていい」というのが大前提にあるのが私の考えなんですけれども、なかなかそういうわけにもいかないのですよね。したい人はしたらいいんじゃない、ということなんです。

高嶌　年金ですら投資の対象になっているほど、現在では国を挙げて投資を

奨励しています。投資は基本的に自己責任の世界ですから、「みんな投資しましょうね」と言いやすいですからね。たしかに、儲けている人はいますが、他方で、儲かっていない人もいるわけです。なので、「こいつ儲けているじゃないか」「あなたのやり方が悪かったんですね」と市民層の分断も図れますから一石二鳥ですよね。

坂東　結局、利益を上げる人と損をする人が分かれていくわけで、損をする人はいつもそういう立場に立たされやすい。すると、市民層の分断という表現もあったけど、日本はある程度均一的なところがあって、そんなに貧乏でもなければ、そんなに凄い金持ちもいない社会だった。それが崩れてしまって、それで本当に大丈夫なのかということは考えなきゃいけないですよね。

髙嶌　もうなっていますよ。完全に。

住田　投資すべき金がそもそも手元にない人がいますしね。

坂東　ところがね、最近は投資教育の影響もあるんだろうけど、若い人が投資被害にあうことが多くて、借金をしてでも金融商品に投資をするといった事例もあります。お金もないのに、しかも借金までして投資をさせてしまう悪質な取引が出てきています。警察の投資被害に関する相談についてのデータを見ると、昔は60〜70代の人からの相談が圧倒的に多かったのが、今では20代の人の相談件数も相当増えていますね。本当に借金して投資をするという話になると、二重の被害があることになります。

住田　副業なんかも投資に含めるとすれば、そうですよね。

坂東　とりあえず自分の生活を維持したうえで、少し余ったお金があれば、それを社会的に還元するという意味で投資にまわしましょうかくらいのレベルで考えられていたのが、今はそうじゃなくなってきているので、その怖さもあらためて消費者は理解しなければいけません。

髙嶌　年金なんて本当に、老後のいわば命綱なのに、それすら確定拠出型年金という形で、個人責任で頑張って増やしてくださいというのが現状ですからね。

住田　去年の年金の通知の葉書を見たら、年金支給予定額が前年度より減っ

ていましたからね。1年間、がんばって国民年金を払ったはずなのに、減っているのは何でかなと。グラフは、なんだか見かけ上は伸びてるように見えるんですけど。

高嶌 そんな情況では、特に年金を対象にした投資は危険ですね。

住田 投資は、当然、余剰資金の範囲でしかやっちゃいけないわけですよね。でも、そもそも自分の余剰資金はいくらあるのかということを、皆さん本当にわかっているんですか、と疑問視してしまいますよね。

たとえば、借金問題で相談に来た人たちに、家計簿をつけていますかと聞いたら、ほぼ100％つけていないわけですね。当然、家計簿をつける精神的な余裕なんてないわけですから、そのことを責めるつもりはありません。だから、自分には、いくらの収入があって、いくらの支出があって、どのくらいの余裕があるのかということを、把握できていいない人が相当いるということは事実です。まずそれをどうにかしなければ、投資もへったくれもない。

せこい話になりますけど、家計簿をつけて支出を減らす方が投資よりも、実は経済的に家計を助ける効果が本当は大きいと思うんですよね。まずそれをやっているのですかと。家計簿のつけ方はちゃんと家庭科の授業で教えているのでしょうかと。投資教育の前にまずは収支のバランスを把握することの教育が欠けているんじゃないかなと思うのですよね。それが見えていない人が投資したって絶対うまくはいきませんよ。

2 投資教育とプラットフォーム

坂東 難しいね。だけど、自分の生涯のお金と設計図が見えちゃうとお金が足りないからと思ってしまう人もいるのかもしれません。

住田 お金を増やさないといけないというのは、失敗した社会ですよね。普通に生きていてですよ。しかも、勝つか負けるかわからない「ばくち」をしないといけないというのは。

あと、もうひとつは、投資してお金が減る人もいるわけですね。当然です

けど。投資教育の主体が証券会社であったりするわけですけれども、勝率は何パーセントなのか、証券会社は、「教育」に際してきちんと説明しているのでしょうかね。たとえば、先物市場で勝っている個人の投資家が何割いるかというと２割なんですよね。８割は負けているわけです。そして、２割のほとんどは機関投資家なんです。ほぼほぼ８割の人が負けているという市場ということで、先物はちょっと極端ですけども。証券ではどうなんですかと。最近証券会社各社が**共通KPI**といって、自分のお客さんがどのくらい得したか、あるいは損したかという指標を金融庁から出せと言われてようやく公表していますけれども、投資をやって増えるものなんですかということは、真実を話さないといけないような気がしますけどね。

共通 KPI　金融庁は、2017年３月30日に公表した「顧客本位の業務運営に関する原則」において、金融商品取引業者等に対し、顧客本位の業務運営を実現するための方針を策定・公表することを求め、その取組みの「見える化」を促進する観点から、取組方針や顧客本位の業務運営の定着度合いを客観的に評価できるようにするための成果指標を策定した金融事業者のリストを定期的に金融庁ウェブサイト上で公表している。

　また、金融庁は、2018年６月に「投資信託の販売会社における比較可能な共通 KPI」として３つの指標（①投資信託の運用損益別顧客比率、②投資信託の預り残高上位20銘柄のコスト・リターン、③投資信託の預り残高上位20銘柄のリスク・リターン）を公表し、投資信託の販売会社が、これらの指標に関する自社の数値を積極的に公表することを求め、これらを比較・分析してウェブサイトで公表している。

[高嶌]　70〜80パーセントで儲かりますって言っちゃったら、みんな買いますからね。

[住田]　私は、投資をしなくていい社会が幸せな社会だと思いますが、仮にしないといけないような社会であれば、その前提条件をもうちょっと整える必

要があります。投資教育の前にいろいろやらないといけないことがあるのかなと思いますね。たとえば、投資詐欺にお金を落とすような人が1人でもいてはいけないと思うので。SNSで儲けましょうと誘われてお金を払うということは投資じゃないということをわからせることが必要です。それがわからない人はSNSをやらないでくださいと。

坂東　なかなか、そこまで言うのも難しい。

住田　SNSにそういった業者がのさばっている以上、SNSに民事的な責任を負わせてもいいと思うんですよね。彼らも被害をいっぱい把握しているわけですから。

坂東　つまり、物事をトータルとして見て、消費者の積み重なっていく判断をトータルに考えていかないといけないわけです。意思形成過程の問題も同じだけど、どこか1カ所だけを捉えて、それが正しいのか間違っているのかといった言い方をしたら、議論は成り立ちません。結局、そういう仕組みの中でその契約にたどり着いているわけだから、仕組みに関与した人に一定の関わりを持ってもらわないといけないということは、住田さんのご指摘のとおりです。投資詐欺に流れ着くまでにはいろいろな背景がその人の判断にはあるわけですよ。

住田　どこかで何かしておけば、そんな被害にあうことはなかったというのが見えてくるんじゃないかな。

坂東　たとえば、投資とグループを検索をしたら、ちゃんとそういう情報が出てきます。ただちゃんとした情報が出てくればいいんだけど、結構上の方に、詐欺グループそのものが出てきたりするわけですよね。

住田　意外と信頼できるかもしれない、みたいな感じですよね。誰が作っているのでしょうね。詐欺グループの情報を書いているブログとかあるじゃないですか。結局は、自分のとこのアフィリエイトに誘引したいだけだと思うのですけど。

坂東　そういうものも含めて、社会の仕組みがどうあればいいのだろうか、消費者に課された役割とは何なのかといったことを考えないといけません。

ただ当面は、それが法的に完璧になるまでには相当の時間がかかるわけです。ひょっとしたらできないかもしれない。個々の消費者自身がある程度アンテナを張るしかない。検索結果が上の方に出て来た情報だから、真実性の高い情報だと思ってはいけないだろうし。本当にそういうメッセージを皆さんに伝えていくしかないのでしょうね。

住田 そろそろそれが可視化されてきた感じはしますけれどもね。検索の上の方に来るのが正しいというわけではないということは、何となくわかってきつつある。すると、彼らもリスティング広告 [→168頁] をやる意味がなくなってくるわけです。そういったインセンティブを奪っていかなければならない。

坂東 ただ1番上に来ないと下の方まで見ていろんなことを判断することってない。リスティング広告は、ほとんどターゲット広告そのものになっているわけです。怪しいなと思いつつもやっぱり上の方をクリックしてしまうということが多いというのが実際のところなんだろうなという気もしていて、そこが悩ましいですね。

住田 ほかにそれに代わる手段があるかどうかですよね。私たちも、レスキュー商法の事件をやっていて、記者さんから、「トイレのつまりが生じた場合、消費者はどのように良い業者を見つければいいんでしょうか」と聞かれることがあるのですけど、実のところ、よくわからないですよね。たとえば、京都市の水道局の指定業者を何社か選んで見積りを取ってくださいといったことを言うのですけれども、それが確実かどうかもわからないし。

坂東 目の前でトイレの状態が悪いときになかなか相見積りを取ったりしない。

住田 そうです。食べログとかね、クチコミサイトが信用できないよねという話にもなりますが、じゃあ、どのようにして良い店を探せばいいのでしょうかね。私たちは、昔どうやって探していたのかという話になりますね。

坂東 かつては先輩に連れて行ってもらったお店に行ったりするわけですよね。

住田 オンラインでないクチコミですよね。トイレのつまりなら近所の水道屋さんという話になるかもしれませんね。

坂東 昔、京都府の審議会で議論したときに、中小企業の代表としてお豆腐屋の社長さんが来てくださったことがあります。その社長さんが何を言ったかというと、「我々は朝の5時くらいから豆腐屋を開けています。すると、必ず消費者が鍋を持って買いに来てくれる、我々は逃げようがない。つまり、ここでしか商売できないんです」「悪いことをやっているやつは、どこに商売の拠点があるか全然わからないでしょ。ネットの悪質業者なんて本当にそこにいるのかどうかもわからない」。顔が見えることが取引の信頼性の基盤になっているということですよね。すごい良いことを言うなと思っていました。ところがネットの発展にともなって、取引における当事者の顔がどんどん見えなくなってしまっていますよね。今までオフラインでやっていたクチコミと同じだなと思っていましたが、ネットのクチコミも顔が見えないクチコミばっかりなわけです。すると、結局何を信じていいのかがわかんないよねという話になっているのが、今の消費者問題の最後の行き場のない難しさかなと思いますね。

住田 でも、顔が見れる状況には戻れないのですかね。たとえば、いろいろな買い物をする際にいろいろな基準で買い物をしなさいという話になったときに、ネットで検索というわけにはいかないわけですよね。今までどうやっていましたかという話になりますよね。はたしてネットの出現で消費者の選択肢が広がったのかなぁ。

坂東 選択肢が広がったのか、はたしてそうじゃないのか……。あの人の言っていることだから信用できる、あの人の言っていることだからちょっと怪しいという感覚もなくなってきつつあります。

住田 便利ですもんね。結局。レストランの予約もネットが楽ですし。レストランに電話するのも面倒くさいなと思ってしまうこともありますし。よくないなとは思いながらね。プラットフォームにマージンを払って、お店の利益を減らしてしまっているわけだから。

坂東 そのとおりです。インフルエンサーのバイト情報が実は嘘だったというネット詐欺の事件は、消費者金融会社にネットで借入れの申込みをすることについてのモニターをしてください、そうしたらアルバイト代を支払いますよというものでしたが、その一連の仕組みがすべてネットの中で完了していて、消費者金融からお金を借りる契約までネットの中で終わってしまう。つまり、実感がないままネットの中ですべてのことが完結してしまうことは本当に便利なのかと思いますね。

住田 そういうケースでは、本人にはお金を借りたという感覚がないんですよね。投資詐欺や副業詐欺の原資が借金の場合はよくありますが、私は本当にお金を借りたのでしょうかという相談があるんですよ。お金は、右から左にそのまま流れていって自分は手にしていないので。

坂東 裏を返せば、消費者としては、時間をかけるということを契約締結過程のどこかに入れるということが本当は大切なんだろうなと思います。昔は、お金を引き出そうと思っても、土日はキャッシュカードが使えなかったわけで、土曜日にだまされたとしても金がないから今日は無理だという話ができた。今は24時間お金を引き出せる。便利になるということは、逆に言うとそれぞれが一旦冷静になって立ち止まる時間をどう作るかの能力の勝負だなというところもちょっとあるのかもしれません。

住田 だから、全取引にクーリング・オフを入れるしかないですよね。

坂東 クーリング・オフとは、そもそも「冷静になって考える」という意味だから、強制的に立ち止まるということですよね。強制的に立ち止まる仕組みをいろいろなところに入れていくしかない。緊急性のない美容医療なんかはまさしくクーリング・オフを入れるべきだと思います。そうすると、手術されてその場でお金を払うという被害がなくなるわけだから。

住田 真っ当な業者は別に困らないわけじゃないですか。クーリング・オフの期間について、返さないといけないというのを受け入れなければいいいだけです。投資からはお話が脱線してしまいましたね。

3　投資は本来の消費活動ではない

高嶌　投資に関しては、やっぱり一番初めに、投資は本来の消費活動ではないという点を強調した方がいいでしょうね。本来、投資というのは一種のビジネス活動なんだから、消費者が投資に手を出す場合、ビジネス目的の事業家のような人と競わなければいけません。つまり、最初から大きなハンディを負っているということを忘れてはいけませんね。

坂東　そうですね。自分のお金を何かに使うという意味では、消費者から見ると、あたかも消費活動のひとつに見えるかもしれないけど、投資はまた違うことだということですね。

住田　違いますよ。プロと同じ土俵に乗るわけですから。勝てるわけがない世界なんですよ。

高嶌　投資は、本来的にはビジネスだということを念頭におく必要がありますね。

住田　投資は、やりたい人が真剣にある程度時間を使ってやるのなら、どうぞという話ですからね。片手間にやってうまくいくはずがないですから。

坂東　たしかにそうです。ただ、たとえば誰もが起業して、新しい会社を立ち上げることができる社会を想定すると、そこに資金を提供できる仕組みが必要になります。最近の消費として「応援消費」なんて言葉もあって、自分のお金を誰にどう渡すかも消費者の判断だとする考え方も出てきています。そこに投資的な観点がどう関わっていくのか。それはそれで考えていく必要はあるかもしれません。

高嶌　株取引一般について言えることですが、現在、企業に対する投資は、一般市民ができる数少ない投資ですよね。環境保護に力を入れている会社の株だから買う、フェアトレードを進めている会社の株だから買う、といったように自分の理念に合う企業を応援することにもなります。

住田　社会貢献投資ですよね。それはでも、生きていくための話ではないし、資金の不足を補った方がいいという話ではないですからね。

坂東 自分の今の生活に使わなくてもいい余剰のお金を社会的に生かしてもらって、社会に貢献したいという価値ですよね。基本的には消費活動じゃないということを押さえたうえできちんと自分ができる範囲で社会貢献というか、投資を通した自己実現を考える。

住田 そこの視点は、投資教育から抜けがちではないですかね。

坂東 だと思います。ですから、投資とは何か、決して儲けるだけの話ではないということをみんなで共通理解を作ることが大切ですよね。

住田 投資は、スーパーマーケットで野菜を買ったりすることと同列に並べられる話じゃないですもんね。

まとめ

- 投資詐欺には端緒としてSNSプラットフォームが関わっているだけでなく、被害者が検索エンジンで解決方法を探すもリスティング広告によって大量集客する悪質な業者(弁護士を含む)が二次被害を発生させるケースもあり、二重の意味でプラットフォームの問題が大きい。
- 他方、金融商品取引業者においても、近年もなお仕組債等顧客に対してメリットのない商品を売りつける事例も多く、顧客本位の原則が守られていない事例が散見される。
- 投資を推進する教育の前に、投資詐欺から身を守る方法や家計簿の付け方を教育する必要がある。

消費者法の未来
──我々はどういう社会を望むのか

消費者被害が生じる悪質な取引は、巧妙に仕組まれていて、いったんその勧誘を受けてしまうといつの間にか契約をしてしまうことが少なくない。そうした被害にあわないために消費者には何ができるのか。まずは、被害の現実を知ること。ただ、それだけでは対策は十分とは言えないかもしれない。誰が消費者の視点で被害の予防や救済に関わってくれるのか。消費生活センターや適格消費者団体、それに何よりも身近な人に相談できるセンスを身につけることが何よりも大切である。

消費者問題の現状（ふたたび）

1 　マルチ商法の家族の被害は救済されないのか

住田　消費者基本法２条には、基本理念が定められています。消費者の利益の擁護および増進に関する総合的な施策の推進があって、まず基本的な需要が満たされる範囲で健全な生活環境を確保される。これが、消費者法の根本思想のバックグラウンドなんですね。消費者には、安全が確保される、選択の機会が確保される、情報が提供される、教育の機会が提供される、意見が反映される、被害の救済がされる、といった６つの権利があると一般的には言われています。

坂東　消費者基本法は、消費者政策とそれを具体化する消費者法の考え方を定めていますが、その基本は、消費者の権利の尊重と自立支援にあります。1962年にアメリカのケネディ大統領によって提唱された「消費者の４つの権利」は、その後、国連の NGO である国際消費者機構 (Consumer International; CI) によって「８つの権利と５つの責任」としてまとめられました。私たちの国の消費者基本法もそれを踏襲して、基本的需要と生活環境確保の権利という基盤になる２つの権利と選択の権利など具体的な６つの権利が、行政が消費者施策を実施するについて尊重すべき権利として定められています。これらをまとめて「８つの消費者の権利」ということもあります（**図表 1** 参照）。

　基本法という法律は、たとえば、環境基本法や教育基本法などがありますが、政策領域の哲学というか、基本的な考え方を定めた法律です。「哲学ではご飯を食べることはできない」と言われることがありますが、ものの考え方の基本というのはさまざまな具体的な法律や制度に影響を与えるという意味で無視することができない重要な法律です。

住田　私が弁護士になったのは2004（平成16）年ですが、その頃、自分が消費者法について、あるいは消費者問題についてどんなイメージを持っていた

図表1　消費者の権利の内容

	1962年 ケネディ教書	1982年CI	2004年 消費者基本法	
安全確保の権利	○	○		○
選択の権利	○	○		○
情報提供の権利	○（知らされる権利）	○		○
教育の権利	△（1975年に追加）	○	行政が 尊重すべき 権利として…	○
意見反映の権利	○	○		○
救済される権利		○		○
基本的需要の権利		○		○
生活環境確保の権利		○		○

のかというと、さきほど挙げたもののうち、消費者の安全の確保、あるいは教育の機会、意見が反映されるという話は、あんまりピンときていなかったと思います。そもそも弁護士がそういった問題にどう関わるのかという発想は少なくともなかったのではないでしょうか。

　言い訳になりますが、私が弁護士になる前に消費者法について一通り体系的な勉強をする機会はありませんでした。その頃、大学に消費者法という講義はなかったと思いますし、民法の講義で、先生が民法90条の公序良俗違反［→070頁］の話をされていたときに、「今度、消費者契約法という法律ができることになりました」と言っていた程度でした。消費者法という分野の存在も知らなかったわけです。その後、いろいろと勉強を始めて、消費者法はさまざまな内容を含んでいる、という理解がようやくできたんです。

　ところで、坂東さんは、どのような入口で消費者問題、消費者法に出会われたのでしょうか。

坂東　私の最初の消費者問題との出会いは、自分が友達から勧誘されたマルチ商法に関する経験です。大切な友だちから誘われたので、私も契約するかどうか悩みました。ただ、当時は、土日は銀行からお金を下ろすことができませんでした。私は冷静に考える時間を確保することができたので、結局、

契約を断ることができて助かりました。でも、あの時以来、ギター仲間だった友達とは一度も会えていません。私もまだ大学生でしたから、彼らに何も伝えられなかった。その時の情けなさが消費者法への勉強のきっかけになりました。マルチ商法の被害回復は簡単ではありません。なのに、そうした商法ですら、契約という合法的な手段を使って行われている。身近な生活で安心して契約ができることの大切さを取り戻さないと、大学で習った契約法は機能しないなぁと思ったのが、原点です。

住田　どの時期のマルチ商法ですか。

坂東　当時はネズミ講でした。**天下一家の会**というネズミ講です。単純な金銭配当組織で、お金を払って入会してから、友人など複数名を勧誘してその会に入らせることができたら、支出した以上の利益を得ることができるというものです。今では、ネズミ講は無限連鎖講防止法で法的に禁止されていますが、当時はネズミ講を禁止する法律はありませんでした。人工宝石などの商品を使ったマルチ商法もあり、大学ではほぼ毎年、被害が出ていました。

> **天下一家の会**　1970年前半に、入会金名目の一定の金銭を支出して会員となり、複数名の会員を勧誘、入会させることで多額の配当金を受け取ることができるとして、いわゆる「ネズミ講」を主宰した内村健一が設立をした組織。多数の被害者が生じて、社会問題ともなった。その後、ネズミ講は破綻必至の問題商法であるとして、1978年に制定された無限連鎖講防止法によって、刑罰付きで禁止された。

住田　その時期にも、やっぱり大学の中でマルチ商法が流行ったのですか。

坂東　流行っていました。今以上に被害が多かったと思います。今は、学生さんが悪質商法について賢くなっているから、勧誘されても契約までいかないことが多いのだと思います。私の講義で500人を対象にアンケートをしたデータによると、マルチ商法などの利殖商法に勧誘された経験のある学生は、受講生の2割くらいですね。

住田　２割って結構多いですね。私が弁護士になりたての頃ですが、大学生をターゲットにしていたアースウォーカーというマルチ商法の事件があり、被害救済に携わりました。主犯格は、無限連鎖講防止法違反で有罪判決を受けて実刑になりました。そのあとも大学生をターゲットにしたマルチは３年に１回くらいは必ずあって、そのたびに京都府警の人と話をしていましたね。今は、大学の中でマルチ商法が起きて**集団訴訟**になるってことは少ないんですけど。

　今でもおそらく通用する手段だと思うのですけども、アースウォーカーは、カタロくじという、カタログを配布する権利を媒介商材にして、「カタログを配布すると儲かりますよ」「友達を紹介すれば儲かりますよ」とマルチ商法の手法で売っていました。カタログに載っている商品自体はたいしたものではなくて、別に普通の商品なんですね。実際にはカタログで物品を販売したケースはほとんどなくて、単なる隠れ蓑に過ぎず、物品の売り上げはごくわずかなんですね。アースウォーカーの事件でもそうでしたけれども、マルチ商法は学生自身が加害者になって夢中になってやっている人もいます。途中でマルチ商法と気づいて、我々に相談をして、原告として一緒に協力してもらって闘ってくれた人もいますけれども、本当紙一重ですよね。原告側の人たちと被告側の人たちと何か質的な違いがあるかというとまったくありません。もう一歩でも踏み出したら加害者側の世界に行ってしまう。

> **集団訴訟**　当事者が多数になる訴訟のこと。消費者事件ではよく集団訴訟という方式がとられる。一人ひとりの消費者が個別で訴訟をすることに比べて、証拠や主張が共通であり効率が良いこと、密室で勧誘態様の立証が困難な事件などで「同様の勧誘をされている者が複数いる」ということで相互に立証を補強することができること、社会的にも重大な問題であることをアピールしやすいことなど、さまざまな利点があるからである。

坂東　消費者問題には、誰でも簡単に加害者になってしまうという恐ろしさ

があります。「仲の良い人をまずリストアップしてください」が始まりです。家族、友人、サークルの人、部活動の人、バイト先の人とリストアップさせるわけです。そして、片っ端から電話かけさせて、誰か1人でも引っかかりそうな人がいたら、上の人が一緒に勧誘に行く。いわゆる、「ABCテクニック」（Aアドバイザー、Bブリッジ、Cカスタマー）と言われる手法ですね（**図表2**参照）。マルチ商法は、必ず2人で勧誘しに行くわけですけれども、ガチっとした完璧なマニュアルが決まっていて、本当に上手にできています。勧誘された人がどういう立場に置かれるかというと、契約をしないと友達を失うという局面に置かれるわけですね。

図表2　ABC テクニックについて

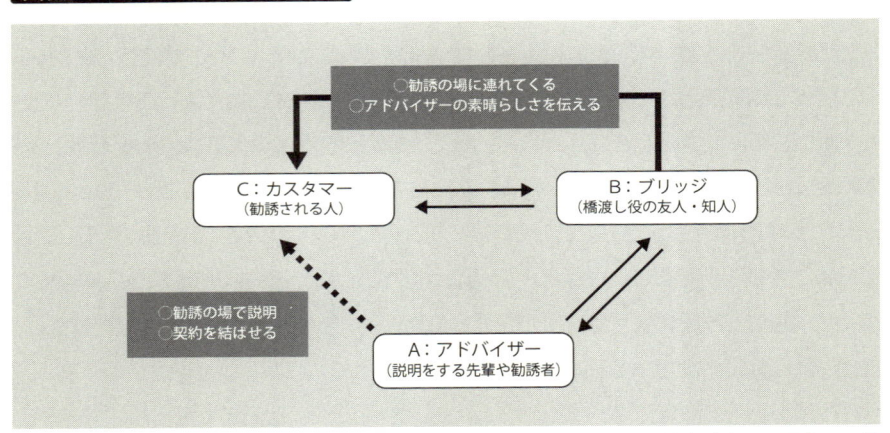

※消費者庁ウェブサイト「若者の消費者被害の心理的要因からの分析に係る検討会報告書」103頁〈https://www.caa.go.jp/future/project/project_001/pdf/project_001_180831_0001.pdf(2024年9月2日最終閲覧)〉をもとに作成。

住田　話が逸脱するかもしれませんけど、今、マルチ商法の被害者家族の救済について取り組んでいます。昨年の消費者法ニュースには、マルチの家族で作った団体の方が、「家族被害」についてアンケートをとっていろいろ分析をしていたのですが[1]、一番印象的だったのが、マルチ商法の被害者家族が

1　藤本亮「マルチ商法会員の親族被害の実態」消費者法ニュース134号(2023年)52頁。

今まで、消費生活センター、弁護士、それ以外の相談機関に行っても、「あなたは別にマルチ商法の被害者本人じゃないでしょ」「被害者じゃないのに、あなただけ聞いても意味ないですよね」と言われるだけで、きちんと取り合ってくれないことがほとんどだったということです。私も昔よくマルチ商法の被害者家族が相談に来て、同様の対応をしていました。「家のお金もなくなってきました」という被害がいっぱいあったのですけど、その頃の私は、弁護士としてはまだまだ未熟でした。「違法だし、本人が争ったら勝てます。ただ、本人が来てくれないと弁護士としては何もできません」「お医者さんの所に行って家族が、当事者のお腹が痛いと言っても、その医者さんは何もできないでしょ」と言って簡単に追い返していたのですね。ただ、そのアンケートの結果を見て私は「それではいかん」と思いました。それでは被害の救済にはならないじゃないですか。その家族の被害をきちんと被害として受け止めて取り組む方法がないかいろいろと考えているところです。

坂東 今のご指摘はすごく大切です。消費者被害とは、直接被害に巻き込まれた被害だけではなく、そこから生ずる社会的なさまざまな問題があって、そのことをきちんと理解して対応しないと、本当の被害救済に繋がらないことがあります。マルチ商法などは、被害者であるのに、「儲かる、社会的に貢献する商品だ」といった一種の洗脳状態になっていることがあります。それは、ある意味でカルト宗教による被害とよく似ています。その状況で、家族や友達が一生懸命に説得すればするほど、洗脳されてしまった被害者は自分達から離れていく。離れていくだけならともかく、被害者本人がハッと気づくと家の財産にまで手をつけて、マルチ商法に使ってしまっていることもあるわけです。そういう社会的な問題であるところをきちんと認識しなければならない。取引に関する一定の金銭的救済ができればそれで問題が解決したと言えるほど、消費者問題というのは単純ではありません。消費者問題というのは社会構造から生じる問題なのです。

住田 マルチ商法の被害者家族が今まで救済されたり、あるいは救済にチャレンジしたりするケースはあったのだろうか、といろいろ調べたのですが、

やはり、そこまでの裁判例はありません。本人の慰謝料請求もほとんどの事件では否定されています。ひとつだけ大阪地裁の判決が昔あったのですけど[2]、あとは、ほぼ全滅です。裁判所は、所詮は経済的被害なので、経済的な被害が填補されれば、特別な事情がない限りは、精神的苦痛は癒されたものと考えると。ものすごく冷たい対応ですよね。

坂東　民法の世界では、残念ですが、被害者や家族からの精神的被害の救済については、財産被害が回復した以上、それ以上の損害は生じていないと解されるのが通常です。

住田　でも、私の感覚としては、それはおかしいと思うんですよね。誰かにだまされてお金を取られた場合、だまされたことはやっぱり嫌なことじゃないですか。その人を信用して、それにつけこまれて裏切られたわけです。そのことも辛いことですし、さらに、詐欺にあったのにもかかわらず、周りからは盗難に比べて、「だまされたお前がバカだ」「なんで信じたんだ」と散々な言われ方をするわけじゃないですか。それについて、精神的苦痛が生じていないということは、ほとんどないのではないかと思います。マルチ被害のひとつに人間関係の破壊があるから慰謝料はむしろ当然だとすらいえます。民法の世界と消費者法の世界は、同じ考え方ではないと割り切るしかないのでしょうかね。

坂東　おっしゃるとおり。消費者法の領域で特別な対応をするのか、それとも民法のその発想自体が間違っていると考えるのか、どっちかです。議論としては両論ありうるのですが、そろそろ法的に明確にしないといけないですね。

住田　商法学者の竹内昭夫先生は、「公正なマルチ商法は、安全なペスト、無害なコレラと同じだ」という話を国会でされたことで有名です[3]。**白光マルチ事件**という日本の民事裁判で初めてマルチ商法の違法性が認められた事件

2　大阪地裁昭和56年4月24日判決判時1009号33頁(ロスカ商事事件)。

3　第77回国会衆議院商工委員会12号(昭和51年5月18日)。

があったのですけど、竹内先生が裁判で証人として出られて、「たしかに、マルチ商法は経済的被害です。ただし、勧誘を受けた人は、親しい人を失うか、お金を失うか、あるいはいずれも失うという立場に必然的に置かれることになる。それは経済的利益の損失以上のその損害が生じているのではないですか」という証言をされました。これは、とても重要な証言だと思うのですが、それでも裁判所は、結局は慰謝料は否定してしまったのですね。昭和50年代の証言ですが、これは、今でもまさに生きている言葉だなと思いました。

> **白光マルチ事件**　自動車用品を取り扱うマルチ商法業者について、マルチ商法の違法性を初めて認めた大阪地裁昭和55年2月29日判決判時959号19頁がある。竹内証人の証言は、マルチ訴訟弁護団編『マルチ商法と消費者保護—マルチ商法をめぐる諸問題』（法律文化社、1984年）94頁に掲載されている。

2　「脆弱な消費者」論　情報さえ提供すればよいのか

住田　EU の消費者法のひとつである公正取引法指令では、平均的消費者と脆弱な消費者がいて、脆弱な消費者に関しては、特別な配慮が払われるべきであるという発想があります。脆弱な消費者という概念の要素のひとつに「軽信性」という概念があります。たとえば、環境に関心を寄せる消費者がいて、「お菓子が1袋売れるたびに、木を1本植えます」という広告があったとします。どれだけお菓子が売れようが木を何本植えるかは最初から決まっています。それに対して、EU の裁判所は、環境に関心を寄せる軽々しく信じる性質、つまり、当事者の軽信性（credulity）を利用する広告は駄目なやり方だと判断したわけですね。

　ところが、日本の裁判所は、「軽信性」という概念は配慮のロジックではなく、「お前は駄目だ」「軽々しく信じちゃいけないじゃないか」という非難の道具として使うのですね。私が取り組んでいる投資被害がまさにそうです。

「なんでこんな儲かるみたいな話を信じるの？」「あなたにも落ち度があるから損害の5割は自己責任です」という理由に使われるわけですね。

坂東　それは結局、消費者をどう捉えるのかということに繋がっています。消費者契約法や消費者基本法では、消費者と事業者との間に情報の質、量ならびに交渉力に格差があると規定しています（消費者契約法1条、消費者基本法1条）。消費者契約にも情報等に格差があるとしたことにはとても大きな意味があります。ただ、情報を提供すればその格差がなくなって、消費者は合理的な判断をするんだということをモデルとしたわけです。ところが、この消費者モデルは本当なんだろうかという問いが投げかけられてきた。たとえば、マルチ商法なんて、特定商取引法（以下、特商法）でさまざまな規制をかけて、適法にマルチ商法の勧誘をすることができないところまで規制されている。ところが、現実にはマルチ商法の被害は法律的に厳格な制限が設けられているにもかかわらず、ずっと続いている。投資被害に関しても、さまざまな法律で説明義務や適合性の原則 [→163頁] を定めているのだけれど、現実は書類が多くなって、内容も難しくなっていくだけで、普通の人に伝わるような説明はほとんどなされてない。つまり、合理的な判断をしようにも、その前提となる情報が提供されているとは言いがたい現実があります。法律がこうやりなさいと言っても、なかなか実現しない。

　一方で、消費者は適切な情報を提供されれば、本当に合理的な判断をすることができるのだろうかということにも疑問がでてきます。そこで、最近は「消費者の脆弱性」という概念が使われるようになったわけです。でも、この脆弱性という概念で問題になっている要素のひとつである軽信性は弱い消費者だけの問題なのでしょうか？　たしかに、弱い消費者が軽信性を有することはよくあることで、そこを狙われているのは事実なのでしょう。しかし、本当に弱い消費者だけの問題なのかということを考える時期に来ているのだとも思います。

住田　「情報さえ提供されれば良い」というのは幻想だと思うのですね。投資被害の話だと、適合性原則違反というものがあります。これは、この人の

意向や商品の性質を考えたら、この取引はちょっと難しいでしょう、向かないでしょう、適合しないでしょう。なので、そのような商品を消費者に勧めてはいけません、という原則です。これは、アメリカの**ノー・ユアー・カスタマー**（know your costomer）という、顧客を知ってその顧客に相応しい商品を売りなさい、という消費者を支援する枠組みなんですね。でも、日本では、支援という枠組みよりも、排除の枠組みとして理解されます。要するに、「この人はこの商品は無理だからもう売るな」「そうでない人に対しては説明義務でカバーしなさい」ということです。そして、裁判所は、今は、適合性原則違反を認めることは非常に少なくなってしまいました。適合性原則違反は、もう説明義務違反の認定をするにあたっての「枕詞」のように使われます。つまり、「適合性原則違反は認めません。ただし、情報が適切に提供されていないので、不法行為になります」といった認定をされることが非常に多いのです。しかし、はたして本当にそうなのでしょうか？　この人にはいくら説明しても、これはちょっと売れないという物はそれなりにもっとあるはずです。適合性原則違反が認められていいケースがもっとあるんじゃないかと思うのですね。

> **ノー・ユアー・カスタマー**　証券監督者国際機構（IOSCO）の行為規範原則の第4原則に「サービスの提供にあたっては、顧客の資産状況、投資経験及び投資目的を把握するように努めなければならない」とされている。顧客情報の適正な把握は、適合性原則の前提となる義務である。

坂東　たとえば、どんなケースがありますか。

住田　ひとつは、本書 Part2 でも事例として紹介しました仕組債ですね [→160頁]。仕組債とは、商品の中でも証券会社がものすごく利益が出る商品として、オプションやスワップなどのデリバティブを組み込んだ債券のことです。証券会社は、非常に難しい商品であるにもかかわらず、一般消費者向けにこの15〜16年売り続けていました。それについて私たち投資被害の救済

に取り組む弁護士はずっと問題にしていて、「こんな商品を売っては駄目でしょう」と言って裁判もしてきました。仕組債は、買ってしまったら高額の違約金を払わないと売れないことがほとんどです。つまり、流動性がない商品で、博打みたいなものですね。買って、後は債券の価値が上がるか下がるか、ボーっと眺めているしかない、という商品であるにもかかわらず、ものすごく不利なんですね。それを買うぐらいだったら、**コール・オプション**を買った方がいいですよ。このように、「仕組債」っていう最初から、顧客にとって非常に不利益なオプションの仕組みが組み込まれているものがあって、仕組みをわかっていない人しか買わない代物なのです。だから、こんな商品は誰に対しても売っては駄目ですよ、ということをずっと私たちは言い続けて裁判をしてきたのですけれど、なかなか勝てない。裁判所は、「上がったら損する、下がったら得する。そんなの見たらわかるでしょ。だから情報も提供されているので問題はない」と言うわけですね。でも、そうじゃないんです。その情報は、その人にとっては、それで投資するかどうかを判断できるようなものではありません。上がる可能性がどのくらいあって、どういう相場状況になったら下がったり上がったりするのかは、わからないでしょ。わからない人に、抽象的に、上ったら得する、下がったら損するといった情報をもとに売ってはいけないでしょ。それは博打と一緒ですよ、という話をずっとしているわけですが、全然、裁判所はわかってくれません。

　今、ようやく、金融庁は、「もうこんな売り方は駄目です」とダメ出しをしたので、日本証券業協会は極めて厳しいガイドラインを作って、大手や中堅の証券会社は取扱いを中止したり、証券会社の窓口として販売していた地方銀行に対して行政処分[→153頁]を出したりするという事態になっています。しかし、裁判所、すなわち司法は、金融庁、すなわち行政がそういったことをはっきりと言うまで問題をなかなか認めてくれない。本当は、逆じゃないかと思うのですがね……。とにかく情報さえ提供されれば問題はないというモデルは通用しないというところまで来ていると思います。

> **コール・オプション**　オプション取引のうち「買う権利」をいう。「コール・オプションの買い」は「買う権利」を「買う」わけであるから、プレミアム（権利の対価）を支払うことと引き換えに、将来のあらかじめ決められた期日に、あらかじめ決められた価格で、ある資産を「買う権利」を行使できることとなる。

坂東　少し言い訳をすると、民法における「人」には、私たち人間のことを示す自然人と会社のような法人があります。それらの存在は対等平等です。つまりは、事業者と消費者も対等平等と考えられているのです。それは近代法の大切な基本原則です。それを法律として具体化したのが今の民法であったりするわけです。ただ、消費者は、生産手段を持たないし、全体として弱者という位置づけになっています。消費者と事業者の立場には互換性はありません。そうしたことを前提に消費者という概念が法的に位置づけられる。ただ、消費者が民法の人よりは具体的な概念だとしても、実際にはまだまだ抽象的です。本当は人はそれぞれ違った存在なのです。そして、消費者の判断は、それぞれが個性的で、必ずしも合理的ではありません。法律が考える人のイメージとは違っている。たとえば、私も自身がファンである小田和正のチケットだと、多少高くてもほしいと思うかもしれない。消費者なんて所詮はそういう存在であるわけで、それを法的な概念でひとくくりに考えることはとても難しい。その具体的な消費者をいかに法的な消費者像の中に取り込んでいくか。たとえば、仕組債を購入することができる消費者を具体的に想定するといったことをそれぞれの取引でちゃんと考えていかないと、まずいのでしょうね。

3　劇場型　シナリオのある消費者被害

住田　最近の消費者被害の特徴としては、劇場型というか、消費者が引き返せない状況になっていくシナリオが描かれているものがとても多いように思います。商品の情報が与えられ説明がされたからといって、選択の余地がなかったり、十分判断できないような状況に陥らせたりするやり方がとても増

えています。オーディション商法が典型ですね [→110頁]。

　もうひとつの例は、レスキュー商法ですね。トイレつまりのトラブルに駆けつけてぼったくる商法です。これもすごくきれいなストーリーができています。最初にトイレが詰まったので業者を呼びます。業者は、まず「トイレに薬品を入れます。これが5,000円です」と説明します。次に、「薬品を入れましたが取れませんでした。次は、便器を外して棒を突っ込んでみます。これが1万5,000円です」と説明します。そして、「棒を入れてみましたが取れませんでした。次は、高圧洗浄機という特別な器具を使います。それが5万円です」と説明します。このように、だんだん価格が高くなっていくんです。そんなに高くなるなら断ればいいじゃないと思いますよね？　でも、このまま帰られると何も問題が解決しないまま、何万円かお金を取られることになります。それは明らかな「無駄金」ですよね。でも、追加でお金を払った方がいいかなと思ってしまうわけですね。ギャンブラーがあとに引けなくなる心理と似ていると思うのですけれども、今まで払ったお金がもったいないから1回お金を払った以上、一貫して問題解決のためのお金を払い続けるべきであるという発想に陥ってしまうわけです。そうすると、あとはもう止まりません。トイレが詰まっているだけなのに100万円以上のお金を取られたケースもありました。レスキュー商法も、そのときになるとなかなか断れないんですよね。困っている人の状況を利用した方法がすごく多くなったと感じています。民法的にも消費者法的にも解決に結構苦労します。何が問題なのかと聞かれると、「全体として問題でしょう」「こんなやり方は駄目だよね」という言い方しかできないのですけれどもね、正直。レスキュー商法については、作業内容と費用を小出しにして、全体として消費者が引き返せないような状況を意図的に業者が作っている点に問題があります。このレスキュー商法にしても「情報」がまがりなりにも提供されているわけです。「これからやる作業には1万円かかりますがいいですか？」「5万円かかりますがいいですか？」と彼らも必ずステップバイステップで同意をとるのです。そういう意味では、すごく良くできている商法が増えている。「断れない状況」を作り出

すやり方だなと思いますね。京都地裁令和6年1月19日判決は、このようなレスキュー商法の勧誘の違法性を認めた初めての裁判例です。

坂東　たいていの場合、そうした商法は、勧誘に際して示されたことと、最終的に締結した契約とが、消費者からするとまったく違ったものになっている。住田さんが典型例として指摘したオーディション商法も入口はアイドルのオーディション、でも出口の契約は芸能人養成学校への入学契約です。しかも、入学契約を解約しても、入学金は一切返さない。この対応は、大学の入学辞退に関する最高裁判決が、前納授業料は返還すべきだけど、入学金は高額でない限り返還する必要はないとしたこと[4]を、芸能人養成学校にあてはめたのだろうと思います。でも、大学の入学を確保する意味と、志願すればそのほとんどが入学できる芸能人養成学校とは、法的な評価はまったく異なるはずです。大学の教育には教員数や設備など厳しい基準がありますが、芸能人養成学校にはそうした教育の質の確保に関する法的な基準はありません。

住田　大学の場合、入学金の法的性質は、大学に入学しうる地位を取得するための対価とされますが、芸能人学校の場合は、対価性がないという判断なんですね。

坂東　そうです。実際の裁判で問題となったオーディション商法に関する適格消費者団体による差止訴訟では、オーディションを受けた約5,000人のうち、3,000人くらいが合格し、そのうち1,500人くらいが全国5カ所の芸能人養成学校に入学するという実態が問題になっています。1,500人のうち、どれだけの方がアイドルになれたのかはわかりません。ただ、これだけの人数を適切に教育することは簡単なことではありません。こうした事実が、入学金の不返還特約は無効だという判決につながったのだと思います。

住田　適格消費者団体による差止請求がうまく機能した事件ですね。

坂東　そう思います。適格消費者団体による差止訴訟だから事実の解明がで

4　最高裁平成18年11月27日判決民集60巻9号3732頁。

きた。つまり、消費者が個人でする損害賠償請求ではなかなか具体的に問題にしにくい教育の実態といった取引の本質的な側面が、差止めという消費者全体の利益のための訴訟であるからこそ、問題にできるのです。ところで、この学校は、入学契約と同時にマネジメント契約も結んでいる以上、学生は事業者であって消費者契約法の適用がないとも主張しました。もちろん退けられました。まだアイドルとして仕事をしているわけでも何でもない。つまり、個々の消費者が契約で期待することとその背景にある経済的実態、事業者の思惑には違いがあるわけです。それは個人の問題を超えた被害だという気がします。消費者はアイドルの養成という名目の経済システムに組み込まれた中で契約をする。もっとも、その契約後の世界は、期待したような教育や期待した芸能人養成の過程というものが準備されているわけではないという現実がある。でも、そのことに気づけるのは、学校に行ってみて、授業を受けたり、友達と話したりしてみて、やっと話が違うということに気がつく。ところが、気がついたときには、解約しようにも入学金は返還されないわけで、解約の意味がない。結局は退学の選択肢しかない。それがおかしいわけです。

住田　おそらく、多くの被害者から話を聞いて、いろいろと検証をされたのでしょうね。私も、かつては消費者団体の差止訴訟の検討グループに参加していました。たとえば、2009年のことですが、特定適格消費者団体である消費者機構関西（KC's）[→227頁]でやった英会話学校の事例がありました。消費者団体の差止請求の9割以上が不当条項の使用差止めなのですが、珍しく不当勧誘の差止めをやったケースですね。おそらく、当時、日本初じゃないですかね。英会話学校の勧誘で、不実告知とか、不利益事実の告知とか、断定的な判断がいっぱいされているということで、和解で「もう不当な行為はしない」ということになったのですが、その後も、和解で決められた事項が守られていなかったので、**間接強制**とか、いろいろなことを試みました。私は、そのときに証人として証言台に立って、「英会話学校は、ちゃんと約束を守っていません」と証言をしました。それはさておきですね、当時は、消

費者団体の差止請求の黎明期でしたが、被害にあった英会話学校の生徒は、他に同じような思いをする人が出てほしくないという気持ちをとても強く持っていらっしゃいました。差止請求に参加し、消費者団体に協力し、それで自分たちが1銭も得するわけでも何でもないんですけどね。その人たちの気持ちが伝わってきて、これはとても良い制度だなとは思いました。

> **間接強制**　判決などの債務名義 [→039頁] の内容を裁判所や執行官の手を借りて実現する手続を強制執行といい、間接強制はその一種である。
>
> 　まず、金銭支払債務の場合などは、差押えなど、直接これを実現する直接強制という方法がとられる。また、物の撤去債務などは、債権者（権利者）が代わりに行いその費用を請求する代替執行という方法がとられる。そのほか、直接強制がなじまない債務（たとえば、画家が絵を描く債務）については、履行しない場合に1日あたり〇〇円支払え、という金銭支払を命ずることで履行を促す方法があるが、これが間接強制である。

坂東　適格消費者団体が勧誘行為そのものを差し止めた最初の事件ですね。適格団体による差止請求訴訟という仕事はお金にならなくて弁護士の方には、申し訳ないなと思っています。ただ、差止請求事件に関わることで、消費者問題とは何かとか、消費者法の役割とは何かということについて弁護士の方も学ぶことはできると思います。

4　製造物責任法をめぐる現状　「安全」分野について

住田　2019年の夏に、近畿弁護士会連合会（近弁連）主催の消費者保護委員会夏期研究会という勉強会があって、そこで子どもに関する製品事故をテーマにしました。そこで扱ったものは、子どもが亡くなっている事件で、裁判例を見ると、目を背けたくなるような非常に悲惨な事件でした。研究会で、

講師としてお呼びした、セーフキッズジャパン[5]という団体の理事長をされている山中龍宏医師がおっしゃっていたのは、日本では子どもの事故が起きたら、基本的にはまず親が責められるということです。製品事故が起きると、「なんで子どもをちゃんと見ていないんだ」と親が責められるわけです。ですから、製品事故の場合、世間からめちゃくちゃに責められたくない親が最初の段階で、隠蔽してしまうことがよくあります。また、怪我を負ったり、病気になったりして病院に行ったとしても、その病院での診断結果が他の病院に共有されるデータベースはほとんどありません。医療機関と提携してデータベース化したシステムそのものは一応はあるのですけど、参加している病院は少なく、また情報そのものは非公開です。それに対して、アメリカやヨーロッパでは、お医者さんが人身事故が起こった場合の何百万件というデータベースを持っていて、公開されているのですね。その時点でまず大きな違いが生じます。製品事故が起きうるということは、「あってはならない」ということで、隠されてしまということは、ものすごい損失なんですね。被害者にとってももちろん損失だし、同様の事故が避けられないということもあります。こんにゃくゼリーの事故は、消費者は裁判では負けたのですけど（神戸地裁姫路支部平成22年11月17日判決）、両親はめちゃくちゃ叩かれました。被害を訴えるということに対して、「自分のことを棚に上げて何を言っているんだ」という発想をしてしまう方がまだ多くいます。被害救済の事例が広がっているとは言いつつ、その問題はいまだにあるのですよね。

坂東　カプセル入り玩具、いわゆるガチャポンのカプセルの安全性をめぐる鹿児島地裁判決があります（鹿児島地裁平成20年5月20日判決）。あの事件でとても興味深いのは、6歳11カ月のお兄ちゃんが買ったガチャポンのカプセルで3歳の弟と遊んでいて、弟がカプセルを飲み込んだ結果、窒息状態となり、低酸素脳症による後遺症が残った事故なんですが、カプセルの中には、漢字で「窒息・誤飲の危険性について」と書かれた注意書きが入っていまし

5　NPO 法人 Safe Kids Japan 〈https://safekidsjapan.org（2024 年 8 月 9 日最終閲覧）〉。

た。裁判所は、7歳の子どもがいる家庭に3歳の子どもがいることはありうる話で、また、ガチャポンに入っていたい玩具の対象年齢は、7歳程度とされますが、カプセルそのものは3歳未満の幼児が転がして遊ぶといった単純な遊びに容易に転用できる、それを想定しなければならないと判断しています。また、当時の社団法人日本玩具協会作成による安全基準では球状の3歳未満の幼児用玩具の直径は31.8mm 以上と定められており、問題となったカプセルはそれよりも直径が大きいボール状で、その意味では行政的な安全基準を満たしていました。ただ、裁判を提起した両親は、実際の直径である40mm だと3歳児の子どもの口に入るとの文献を調べて、安全性について問題提起をしたわけです。鹿児島地裁の裁判官は、そうした主張を評価して、製造物責任法の責任、つまり、カプセルに欠陥があることを認めました。

　その限りではとても良い判決だと私は思うのですが、裁判を提起した両親はインターネット上でボロボロに叩かれるんですね。「子どもの事故を金に変えるのか」「お前が見てなかったのが悪いんだろう」とかね。事情も知らない人からネットでいろいろ書かれるわけです。本当によくぞこんな状況で裁判を続けられたなと思うぐらいです。それでやっと勝てた。勝訴という結果の何が素晴らしいかと言えば、カプセル玩具の安全基準が改定されたということです。この事件以降、玩具が球状の場合には、その直径が31.8mmじゃなくて44.5mmになった。要するにこの事件が安全性基準を改訂するきっかけになったわけです。そして、それ以降の被害を少しでも防止できるようになったことが大きい。ただ、**過失相殺**が7割なされているのです。カプセルの欠陥を認めながら、最後の損害評価ではご両親が7割悪いという。3割でも欠陥による責任を認めたことには意味があるのだけど、7割も過失相殺するというのは、裁判所は欠陥の判断については広く捉えつつ、賠償額の認定に際してバランスを取ったようです。

> **過失相殺**　被害者あるいは契約では債権者に、不法行為や債務不履行に基づく
> 損害の発生や拡大について何らかの落ち度（過失）がある場合に、損害賠償額

> を算定するに際して、割合的に賠償額を減額すること。過失相殺の適用やその
> 割合の判断は、もっぱら裁判所にその権限が付与されている（民法722条 2 項）。

住田 　裁判所の悪いところですよね。バランスをとる必要はないと思うので
すけどね……。

坂東 　過失相殺を使うことで、何となく判決の結論に社会的説得力をもたせ
ることになると考えるのでしょうね。欠陥について、消費者の生活にまで踏
み込んだ判断をした裁判官ですら、それだけの過失相殺をするということ
に、ある種のやるせなさを判決文を読みながら感じました。

住田 　親が、そもそも責められる空気を変えないといけませんね。その空気
は誰のためにもなっていない。隠してしまうと、同様の事故の再発を防げな
いわけですから。お父さん、お母さんを責めても別に何にも解決しないし、
何も改善されないし、社会にとってもなんの利益にもなっていませんよね。

坂東 　実際の取引のときには個々の消費者を見なければなりませんし、裁判
でも個々の消費者との関係で議論するのは当然です。ただ、消費者問題につ
いて考える際には、個別の被害救済だけではなく、その社会的意味を認識し
なければいけません。その認識について消費者自身も傍観者ではなくて、当
事者として何が問題なのかをわかろうとすることが、すごく大切なことなん
だと思います。たとえば、取引被害などでは、「被害にあった奴やだまされ
た奴に落ち度があるのではないか」「自分はそんなことでだまされない」、消
費者問題に関する裁判なのに、当事者である消費者と傍観者であるその他多
数の消費者の意識がねじれていて、なかなか同じ方向を向くことができな
い。被害者が社会に問いかけていることにまっすぐ答えないで傍観者になっ
てしまうという現状を変えていかないと、消費者法の発展はないのかもしれ
ません。我々の世代は、目の前にいる被害者をどう助けるかということで精
一杯でそれが社会的価値にどう繋げていくかということは、どちらかという
とその次の課題でした。でも、これからは消費者問題の解決を通して、どう
いうデザインを描いて社会の変化につなげていくかということまでも考えて

いかなければなりません。消費者被害とは、その人だけの問題ではない。消費者被害は社会全体の損失にもなっている、だからこそ、その救済をしなければならない、ということを何とかみんなにわかってほしいなと思いますね。

住田　最近では、室外機火災事故について東京高裁判決がありました（東京高裁令和2年2月27日判決）。PL法の当初の理念にかなり近いものでした。消費者側には室外機が発火した詳しい機序について立証する義務なんかありませんよ、普通に使っていて室外機が発火して被害が出たのであれば駄目でしょ、という判決が出ています。すごくいいことだと思っています。

消費者問題の未来

1　消費者団体の未来

住田　私は、京都大学法科大学院で消費者法の講義を担当していますが、レポート課題として、「イギリス最大の消費者団体 which ？[6]と日本最大の消費者団体 COJ[7]の財政規模を比較しなさい」という問題を毎年出しています。Which ？は100億円ぐらいの年間予算で、かたや COJ は年間3,000万円ということに、みんなびっくりするんですよ。なぜこれだけの差があることについて調べさせて考えさせるのですけど、そこの違いはどこから出てくるのでしょうかね。

坂東　私も、イギリスに行ってびっくりしました。弁護士が組織内弁護士として消費者団体に所属しているんですね。それだけでびっくりしました。ま

6　Which?〈https://www.which.co.uk/〈2024年9月2日最終閲覧〉〉。
7　消費者機構日本(COJ)〈https://www.coj.gr.jp/〈2024年9月17日最終閲覧〉〉。

た、住田さんが紹介してくださったイギリスの消費者団体である Which ？は雑誌を発行しているのですが、消費者が商品を購入する際には、雑誌に掲載されている商品評価を確認することが、イギリスでは当たり前になっているという話を聞いて驚きました。

住田　Which? は、消費者団体が商品テストをしますからね。商品テストがめちゃくちゃ充実していますね。日本でも、『暮しの手帖』という雑誌が、かつて商品テストを精力的に行っていましたが、今はもう行われていません[8]。ぜひ、また復活してほしいものです。

坂東　日本だと、たとえば適格消費者団体が差止めのためにやっている議論は消費者にはついていけないくらい専門的なわけです。訴訟のためにちゃんとやればやるほど、消費者の感覚からずれてしまう。消費者から見ると、素朴に「それっておかしいよね」という問題を適格消費者団体も含めた消費者団体がどのように取り扱って消費者と一緒に歩いていけるかは、これからの消費者法や消費者運動、消費者団体を考えるときに絶対に不可欠な話だと思います。そうでないと消費者団体の活動を広げることが難しくなってしまう。専門的消費者団体が日本にも必要だと考えて、私は議論していたので、難しいところですが、その前提として、多くの消費者にとって、「消費者団体は私達の味方だよね」と思ってもらえるように、消費者団体の活動が見えてこないとまずいのかなという気はしています。そのためにも、活動はわかりやすく、見えるものでなければなりません。消費者法という法律も同じです。読んでもわからない法律をなんとかしたいと思う。複雑でややこしいクーリング・オフに関する特商法の条文を一読してわかる人はこの世の中にはいないと思います。

住田　消費者団体が DPF の通信簿をつけたらいいんですよ。消費者団体は DPF を監視するには向いている組織だと思うんですけどね。

8　Blog 手帖通信「『暮しの手帖』の商品テスト」暮しの手帖社（2016 年）〈https://www.kurashi-no-techo.co.jp/blog/shizukosan/160908（2024 年 8 月 9 日最終閲覧）〉。

坂東　消費者団体にそれだけのことができる人がどれだけいるのかということでしょうね。

住田　いや、それはまずはやらないとできないじゃないですか。商品テストや商品レビューをするのもすごく良いと思います。でも、金がかかかるんですよね。

坂東　たとえば、東京の文教大学の学生さんたちが、最初から定期購入にチェックが入っていたり、消費者の意思が反映されにくい取引の仕組みになっていたりする**ダークパターン**の具体例をネットの中で探すという活動をされています[9]。その調査によると、ある DPF の取引の中に100も200ものダークパターンの取引が見つかったそうです。普段そういうことに関心を持っていない消費者でも、調べてみるとあっという間にいろいろな情報が出てくる。そうした活動と消費者団体がコラボできるといいですね。

> **ダークパターン**　消費者の自主的な意思決定や選択を阻害するデザイン、インターフェースのことをいう。たとえば、必須であるとして会員登録を強制する行為、重要な取引情報をわかりにくく表示する、時間的量的な制限を強調して契約を急がせるといった行為などがある。法律に明確に違反しているとは言えない場合であっても、消費者の選択をゆがめるものとしてその制限が模索されている。なお、ネット上で個人の特定のために入力させた電話番号を、ターゲット広告の対象の特定に使うなど、個人情報の不誠実な利用もダークパターンに含まれる。

住田　私も自分の担当する法科大学院の講義で、ステルスマーケティング、いわゆるステマをやっていると思われるブログを探してくださいというレポート課題を出しています。どこの広告代理店を使っているということまで

9　朝日新聞デジタル「惑わせ買わせるダークパターン　学生ら 124 社の通販サイト調査、75％で発見」〈https://www.asahi.com/articles/DA3S15656961.html（最終閲覧 2024 年 4 月 30 日））。

できれば調べてくるという感じですね。それで、学生は結構調べてくるんですよ。今の学生はすごいですね。

坂東　そういうことを消費者教育としてやってみるのはいいですね。特にオンラインではさまざまな問題があるんだと意識してやってみる。逆に、たとえば、良い情報をオンライン取引で探して、その情報が自分の選択に参考になったということを話してくれてもかまわない。要するに、消費者にとっての情報がどういう形で自分のところにたどり着いているのか、その内容の良し悪しを意識することのできる講義ができるといいですね。大学生だけでなく、高校生にもそういった講義をやって、それを適格消費者団体が支援すると面白いことができるのではないでしょうか。

住田　DPF に関しては、いわゆる DPF 取引透明化法もあるし、いわゆる取引 DPF 消費者保護法もありますが、民間で「このプラットフォームは良くないんじゃない」「ここのプラットフォームは良くできている」といった評価をしてもいいですよね。

坂東　消費者庁は、景品表示法（以下、「景表法」）に基づいて健康食品に関する Web について毎年調査しています。その調査結果によると、景表法に反する Web がかなりの数で出てきます。2022（令和4）年度でいうと4月から6月の間に、201の数に上る Web に掲載された商品について表示がおかしいので改善を求めたら、景表法で処分を受ける前に見直されたそうです。ただ、これは消費者庁が、健康食品という特定の商品のネット表示について、ロボット検索をしているに過ぎないわけですから、本当に消費者の感覚で全部対応できているのかということとはまた別問題ですよね。それでもこれだけ出てくるので、おそらくネット上にはいろいろな問題のある表示があるわけです。消費者自身がそれを一度調べてみることによってリテラシーの問題意識も上がるだろうし、ネット情報の見方も変わってくるのではないでしょうか。消費者の社会的な役割の一端かもしれませんね。

住田　ネット広告の内容については、消費者が関わることのできるところではありますよね。

坂東 そうです。しかも、消費者自身の目線でネット広告を調べることがすごく大切です。適格消費者団体も、景表法に関する差止権限を有しているのですが、適格消費者団体に任せるだけではなくて普通の消費者が参加して、消費者の視点を共有していくことがすごく大切だと思いますね。それを法律に繋いでいくのが、弁護士だったり、あるいは適格消費者団体の仕事だったりするというのが理想像ですね。

住田 消費者問題に関するかかわりについての広がりをどう持たせるかっていうのは、今の時代だからこそできることもあるわけですけどね。

坂東 私はもう60歳台の半ばを過ぎました。あと現役でいることができるのは3～4年でしょう。この3～4年でやらなきゃいけない私の仕事は学生たちにそういう発想を持って、まず企業で仕事をするにしろ、あるいは違う立場で仕事をするにせよ、自分は消費者だという認識を持てる教育をやらければならない。そうした認識を普通の人に大切だと思ってもらえるかどうかが最後の勝負かなと思っています。一方、自分が受けた被害が他人にも広がる可能性があるというのが消費者問題だと思います。自分が勘違いしてしまったり、だまされたりしたことを恥ずかしいと思わないで、そのことを誰か他人に伝えることができる、相談できる仕組みが重要です。もちろん、その役割を消費生活センターが担っているにしても、普段の会話の中でも話せるようになると良いなと思います。そのためにも、「こんな表示だったら、みんな勘違いをする」「おかしい表示だよね」と思えるセンス。すごく大切です。そういうセンスを若い人たちが持ってくれると嬉しいですね。

2　消費者弁護士の未来

住田 京都弁護士会には、消費者保護委員会という委員会があって、消費者問題に取り組む弁護士がいろいろな活動をしていますが、やっていることがマニアック過ぎてあまり若手の弁護士が入ってきません。私が入った頃の消費者保護委員会は若手が結構入って頑張って活動していました。今では、専門性が高くなってしまい、さらには専門分野の細分化が進んだこともあっ

て、いろいろな分野でプロみたいな人がやっているし、その分野に詳しくない人にとっては何をやっているのかわけがわからない状況です。

坂東　いつの間にか消費者法の領域がだんだんと広がってきていて、環境問題や食品ロスも消費者問題だと認識されてきました。一方で、通常の民法や訴訟法の領域とは異なる団体訴訟制度といった弁護士でも扱いが難しい問題もあります。いろいろな問題が消費者法の守備範囲として出てきたことは良いことですが、一方でそれぞれの領域に専門家が別々に張りついてしまっているので、そこから一歩離れると今度は専門家でもわからないようになる、という弊害も生まれてしまいましたね。

住田　そうなんですよ。マニアックになりすぎていて、ジェネラリストというか一般の人と媒介する人がいなくて、持続困難になってきたというところはあるんですよね。

坂東　「誰でも消費者だよね」と言われていたこともあり、消費者保護委員会は、一時期は大阪も含めて若い弁護士が多く参加してくれる委員会だったのですが、最近ではどこでも専門家集団になっています。

住田　私たちも若手の人を積極的に集めなくなっているのかもしれませんが、ほぼ10年くらい同じメンバーで固定されている気がしていて、良くないなと感じています。私が弁護士登録した頃は、たとえば、先物取引事件では、頑張れば勝ててその上で回収もできて収入にもなると。あと、欠陥住宅の事件もそうですね。でたらめな住宅がいっぱい建っていたわけですよ。なので、勝てる事件も結構あったんですね。でも、今は、明らかに構造欠陥がある建物というのは、そうそうないわけですね。たとえば、昔は、建物確認申請を受けて完了検査を受けていない住宅がいっぱいありました。木造3階建ての住宅はそのほとんどが欠陥住宅だと言われた時代でした。今は、正直そういう事件類型はほとんどなくて、専門性が極めて高く一筋縄ではいかない非常に難しい事件と違法性は認められて勝てるけれども回収が非常に困難な事件とに二極化しています。「頑張って一緒にやろうよ！」と若い人の肩を叩いて誘える事件が非常に少なくなっているわけです。京都では、弁護団

も最近はあまり組まれていません。昔は、「仲良くみんなでやろうよ！」と言っていたのですけど、最近ではそういうムードもなくて、業界的にはちょっと寂しいなと思っています。

坂東 たしかに、消費者訴訟自体が本当に難しくなってきています。消費者被害の多くがインターネットを経由するようになったことで、相手を捕まえるだけでもずいぶんと時間とコストがかかってしまう。それで請求できる金額も高額ではないとなると、なかなか対応できません。一方で、消費者法を取り扱ってきた弁護士が、行政機関に行って、立法などに関わっているという広がりもあります。その結果、消費者法もある程度前に進んできたっていう現実もあるわけです。社会の動かし方という意味でも、消費者保護委員会に弁護士が関わることは基盤として大切だと思います。

住田 今までは先人たちが努力によって勝ち取ってきて被害救済を押し広げてきたものがあった。それにもちろん安住してはいけないのでしょうけど、すごく停滞感が最近ありますね。ただ、今もなお、押し広げてきている分野もあります。

　表示の問題でいうと、昔は景表法の分野は、そもそも消費者問題というよりも公正取引委員会や独禁法の問題だったわけですね。それが、今や表示と勧誘の区分はもはや確然と分かれているわけではない、ということになっています。インターネットの広告がまさにそうなんですけれども、表示には人を誘引する力があるんだよ、ということですね。そういったものを克服してきたのは、個々の弁護士による個々の訴訟であったりするわけですね。2023年6月の特商法改正では、いわゆる**アップセル・クロスセル**に電話勧誘販売の適用がある、とされました。広告を見て電話した人に、広告に載っていない商品を勧誘した場合は、電話勧誘販売になりますよ、という規制ですね。あるいは、2023年10月からはステマ規制もスタートしました。要するに、広告が持つ力はものすごく強い、ということです。先述したトイレつまりのレスキュー商法も基本的には広告の問題なんですよ。消費者は、インターネットで「トイレ　つまり」で検索して、「一番上に来た業者だったら安心かな」と

いう発想があるのですけど、実際には、その検索は汚染されていて、安心できるところではない。単にたくさんお金を払っている人が検索の上位に来ているだけですよっていうことなんですが、一般的にそういう仕組みについて理解している人はそこまで多くはないと思うんですよね。

アップセル・クロスセル　アップセルとは、購入検討対象となっている商品やサービスと同種のものよりグレードが高いものをすすめる手法で、クロスセルとは、購入検討対象となっている商品やサービスとは異なる商品やサービスをすすめる手法である。かつては、広告やテレビ、インターネット広告で誘引した顧客に電話をかけさせて、その顧客に対してアップセルやクロスセルを勧誘しても電話勧誘販売には該当しない、とされていた。

　ところが、これらの広告媒体を利用したアップセルやクロスセルについては、以前から、不意打ち的な勧誘だとして苦情や相談が多く寄せられており、2023年に特商法施行令２条が改正され、これらの広告を利用したアップセル・クロスセルも電話勧誘販売の規制を受けることとなった。広告と勧誘の区別が明確なものではなくなってきた一例といえる。

坂東　お金を払った人の広告がネットでは最初に出てくることについて理解をしていたとしても、出てくる広告がそれしかない場合は、それで判断していますよね。そもそも、そのあたりのルール作りはどうしたらいいのでしょうかね。お金を払わないと広告が画面に出てこないのなら、中小の事業者なんかはそのシステムを利用しづらいですよね。消費者も契約の入り口としての広告の問題にどうコミットしていけばいいのかというのは、検討する必要がありますね。

住田　弁護士でも、検索の上位に来る弁護士が良い弁護士とは限らないということは同じです。いわゆる国際ロマンス詐欺などでも、広告で「必ず回復できます」といったことをうたっている法律事務所がありますけどやっぱり

駄目なところが多いですね。東京弁護士会も注意喚起していますが[10]、もはや、弁護士の業界もそうなっているのですよね、正直。むちゃくちゃ広告にお金をかけているところとそうでないところで差があって、広告にお金をかけているからといってその弁護士が必ずしも良いわけではない。でも、消費者にとっては、どこに相談すべきかがわからないですよね。ネット広告における露出とのギャップがどうしてもあるんですよね。

坂東 結局、情報を取ろうと思ったときに専門家からの助言があることが理想なんでしょうが、すべてがそうもいかない。ネットだと消費者が何かの検索をすると、その情報が蓄積されて、それ以降関連する広告が表示されるようになる。それは便利なことなのか、余計なお世話なのか。ヨーロッパでは、GoogleなどのDPFが独占的に情報を収集して広告を送るということが、独禁法に反するとも考えられ始めています。なので、DPFと情報を扱う会社を分割することも考えられている。個人情報を含めて、DPF会社があまりにもいろいろな種類の情報を膨大に握りすぎたために、それが消費者取引の健全性の確保にマイナスに働いているのではないでしょうか。それは、とても大きな問題ですよね。

3　どういう社会を望むか

住田 消費者被害を根本的に防止するには、おそらく、「我々が生きている社会をどういう社会にしたいのか」という視点から考えないといけないのでしょうね。

坂東 先に述べた消費者の弱さを自分のこととして考えられる知識とセンスが求められますね。

住田 たとえば、「常に監視されている」「誰かに家に侵入された」といった訴えをされる不安障害を抱えている人がいますよね。そして、そういった人

10　東京弁護士会「国際ロマンス詐欺案件を取り扱う弁護士業務広告の注意点」〈https://www.toben.or.jp/know/iinkai/hibenteikei/news/post_7.html（最終閲覧 2024 年 4 月 30日）〉。

を狙って商売をする人がいます。そんな商売を考える人がいるというだけで恐ろしいのですが。人の不安をあおって、防犯カメラをいっぱいつけさせたり、家に特殊な鍵をつけさせたりする事例が実際にあります。そういう事例で、弁護士と**地域包括支援センター**の職員とが連携して被害を防ごうという発想はあまりないように思うのですね。もちろん、弁護士側にもそういった発想はあまりないのではないでしょうか。もちろん、事件が起こったら事件の解決はします。ただ、「頑張ってお金を取り戻します」というところ止まりで、「その人のその後の生活を考えましょう」「同じようなことが起こらないようにしましょう」といった発想はさほどなかったと思います。ある程度、弁護士はソーシャルワーク的なこともできるのですよね。全部丸抱えして面倒を見るわけじゃないので、もちろんそれは本職の真似事かもしれません。ただし、ある程度の繋ぎ役はできると思うので、そういったことをもう少し意識的に弁護士ができないかなと思ったりしますよね。

> **地域包括支援センター**　地域の高齢者を、介護、福祉、健康、医療の面から総合的に支援するために市町村が運営する公的な相談窓口（介護保険法115条の46）。なお、京都市内には61カ所のセンターが設けられている。

坂東　たとえば、地域における高齢者の見守り活動の中に、法律家がもっと関与できればいいですね。京都府では、そのような試みが実際に行われています。

住田　さきほどの消費者の権利でいうと、基本的な需要や健全な生活環境の確保といった「背景」に引っ込んでしまう部分になってしまうかもしれません。ただ、この話は、「これは弁護士の仕事じゃないよ」と言わずに、多少は首を突っ込んでもいいんじゃないかなと最近は思っています。破産事件でも、弁護士は破産手続だけやってあとはサヨナラという人が結構多いのですけど、それだけで問題が解決するとは誰も思ってはいません。私は、破産手続の途中や破産手続が終わってもある程度は家計の管理をします。弁護士費

用を一括で用意できない人には分割にして、分割で支払っている間は、「ちゃんと家計簿を送ってね」と伝えるように、今後破産に至らないようにする環境を整えるために関わることもあります。弁護士に求められていることは、本当は、そういうこともあるんじゃないかと最近は思うようになっています。

坂東 たとえば、衣食住や生活インフラの整備といった基本的需要の権利というものはどちらかというと途上国の問題だと考えられがちです。でも、たとえば超高齢化社会を迎えた日本での基本的需要という考え方はありうるのではないか。本当に私たちは社会の変化に対応した商品が提供された市場を作れているのかという視点で基本的需要を考えてみることはありうる発想だと思えます。

住田 イギリスには成年後見制度はありますが、日本と異なり、本人に意思決定能力がないという判断には極めて慎重であるべきという姿勢です[11]。判断能力が低い人を排除するのではなくて、判断能力の低さにつけこむ非良心的な取引を排除しています。個人を責めるのではなくて、個人の状況を利用して悪いことを考えるやり方を責めるべきだという発想ですね。すごいなと思うと同時に、そういう方向性もやっぱりいいなと思いましたね。

坂東 最後は、社会の設計の問題ですよね。みんないつかは歳を取ります。私も、かつては高齢者の保護が重要であると言っていろいろな話をしていたのですけど、自分が高齢者になってみると、保護はもちろん必要だとは思うけど、自由にやらせてほしいという気持ちも否定しがたい。そういう高齢者が増えてきたときに、社会のデザインとして成年後見制度が受け入れられるかどうかは言うほど簡単ではないかもしれません。でも、健康や精神を害した高齢者と弁護士や司法書士といった法律専門家を繋ぐ意味では、成年後見制度も捨てたものではないのですけどね。イギリスの発想まで一気に踏み込

---

11 菅富美枝『新 消費者法研究―脆弱な消費者を包摂する法制度と執行体制』(成文堂、2018年)123頁以下。

むことは、はたして、日本において可能なのかという思いもあります。他方、どんな形でもいいから専門家に繋げる仕組みがはたして社会的に機能しているのかという思いもあり、悩ましいところですね。

住田 補助制度を活用すべきだという話があるのですが、それはたしかにそうだなと思います。補助って、弁護士にとって対応がとても難しいんですよ。被補助人や被保佐人の方は、しっかりと意思を持っているし、ものすごくわがままを言うことがよくあります。私が補助人になった方で、コレクターのような方がおられ、いろいろ物を買いたがる方がいました。でも、その方に、「お金があまりないんだから、今後のことも考えてお金は計画的に使わないとダメだよ」と言っても、なかなか納得してもらえないんですよね。

坂東 「補佐を活用しなきゃいけない」と言われているけれども、その申請は後見や保佐といった制限行為能力者制度と比べて一番少ないんですね。一方で、制度の運営を担当している家裁の審判の現実を見てみると、現在の申請件数だって相当に大変そうで、これ以上申請数が増えても対応できないと思わせるところもあります。簡単じゃないなとあらためて思いますが、明らかに悪質な業者に狙われていたり、同じ高齢者に対して次々に重ねて販売したりする場合は、たしかに特商法で取消しができるようにはなっていますが、要件が難しかったりします。すると、被後見人になっていれば、特商法の適用に関する立証責任を含めた困難な課題が割とあっさりとクリアできたりするわけです。たとえば、先程の「脆弱な消費者」という話があったけども脆弱な消費者と言うときに頻繁に出てくるのが高齢者の話ですよね。一口に高齢者といっても、比較的元気な高齢者もいれば、財産はあるけれども判断能力が低下した高齢者もいるわけです。当事者の類型ごとに、どんな問題があるかを整理して制度の対処のあり方を含めて考えてみるといいかもしれません。

住田 「脆弱性」という概念を、属性的に捉える発想もあまり良くないとも言われますよね。あらゆる人がこのときには脆弱になる状況があると思うんですよね。従来の裁判所も、たとえば、投資被害で、被害者が高齢者の場合

は、「おじいちゃん、おばあちゃんね」ということで、割と勝ててしまうのですね。他方で、しっかりした会社経営者や若くて元気のある人だったら、「いや、この人だったらわかるでしょ」と負けてしまうパターンもあります。

坂東 「脆弱」という言葉が普段の日本語の会話ではあまり使われませんからね。

住田 私のイメージとしては、「傷つきやすい」という意味ですかね。「そのタイミングでそう言われたら、どんな人でもそうなっちゃうよね」ということが脆弱性だと思います。つまり、「状況的脆弱性」というのも結構ある。それは裁判所に一番わかってほしいところなのですけど、裁判所は後から振り返って、「あなたは、そのときに断ることができたでしょ。だからそれは避けられた」と言うんだけど、「そのような状況に置かれて、本当にそれできましたか」ということを踏み止まって考えてほしいというときがあります。

4　あるべき消費者法のかたち

住田 ところで、最近の条文は、めちゃくちゃ細かいですよね。消費者契約法の改正で入った霊感商法、デート商法にしても、もうちょっとシンプルにしてほしいなと思います。

坂東 条文が、ある程度、抽象的な規定でないと、幅広い具体的な事例に対応できません。具体的な被害の救済に焦点がしぼられて、つけ込み型勧誘を理由とする取消しが消費者契約法に条文化された。だから、本来、消費者契約に関する包括的ルールである消費者契約法に個別被害救済に使う条文が規定されたのです。まるで、消費者契約法が特商法みたいな役割を担うことになる。たとえば、もっと広く、消費者取引は公正でなければならないというような抽象的な規範を消費者契約法に定める。そして、それに反する消費者契約に取消権を認める。それによって、事業者も消費者取引における公正ということを考えることになる。消費者もその基準の意味とそれに対するみずからの関与を考える。そんな基本ルールを明らかにするという役割も消費者法にはあるように思います。

住田 条文が曖昧であるという意見がありますが、法律の条文である以上、ある程度、抽象的になるのは当たり前のことですよね。いろいろな状況に対応するためにあえて曖昧にしているわけじゃないですか。

坂東 法それぞれの役割があって、たとえば、特商法は被害が生じている取引類型に対する法的な特効薬、消費者契約法はビタミン剤です。消費者契約法が特商法のような被害救済に焦点をあてることになっても、それはうまく機能しないんじゃないかという心配があります。

住田 消費者契約法よりも民法の方が使いやすいのではないかといった発想も実際にあります。弁護士がつけ込み型勧誘の違法性を問う訴訟をするときは、民法90条の公序良俗違反 [→070頁] でやったり、あるいは、民法709条の不法行為でやったりするしかありません。裁判所が民法90条を認めているケースって実はそんなに少なくはないのですよね。もちろん、たくさんあるというわけではありませんが、法律構成を消費者契約法でやるより、民法90条や不法行為の方が勝てそうだ、と思ったりしますね。実際、裁判所が民法90条を認めることが結構あります。私が大学生の頃がちょうど消費者契約法ができるかできないかの頃でして、民法の授業で先生が「民法90条と何が違うかわからん」とおっしゃっていました。まあ、これは、半分当たっていて半分間違いだったのかなと思うのですけど。民法90条が今でも使えるということは良いことでもありますが、消費者契約法がせっかく20年間も使われてきたのに、息切れ気味な感じがします。特商法で細かい条文を作って、それを消費者契約法に逆輸入するといった流れでいいのか、と思っています。

坂東 つけ込み型勧誘をどう法律で対処するがカギになるのでしょうね。

住田 つけ込み型勧誘は、「契約しない判断をさせない」というところに全力をつくすので、ものすごく強力なんですよ。彼らは、成功すれば、確実に契約ができちゃうわけですから。このパターンに押し込んでしまえばガチっと固められてしまいます。でも後から振り返ると、いや別にそこまで悪いことしないですよと見えるのですね。しかも、致命的な嘘をついているわけでもないのです。

坂東 消費者法が役割を果たせるとすれば、つけ込み型勧誘に関する細かい要件を定めるというのではなくて、広く消費者契約法の中に取り込むことによって、事業者にもそれへの対処を考える知恵を絞ってもらわなきゃいけないし、消費者も公正な取引とは何かという視点を持ってもらうことが必要です。それが消費者契約法に期待される役割ではないかと思います。そのためには、つけ込まれて契約をしてしまうのは弱い若者や高齢者だけではなくて、通常の消費者でもそうしたことはありうるということを共通理解にしたいですね。

住田 ロマンス詐欺の被害者は、おじいちゃんやおばあちゃん、大学生といった属性の人ではなくて、金もあって地位もあるみたいな人が多いですよね。だからこそ引っかかるのかもしれないですけど。いわゆる世間からするとしっかりしていると言われる人ばかりですよね。実際にそうです。

坂東 病気になればその病気を治すためだったら、藁にもすがるっていうところが誰にもあります。少なくとも藁にもすがっている人に商品を売ったり、情報を提供したりするときには、消費者に対して客観的にこれは意味があるんだというだけの説明ができる準備を、事業者の皆さんはする必要があるのだと思います。それがお客様を見ること、公正に取引をすることである、と私は思います。そのためにも、法律には消費者から見たわかりやすさ、消費者自身がみずからの権利を容易に行使することができることが配慮されていることが不可欠なのです。そのためにも、法律家、とりわけ消費者に関わる理論と実務に関わっている私たちも、消費者団体や消費者の皆さんとの率直な対話を大切にしないといけないのだと思います。

消費者にはだまされる権利がある。

だまされない消費者になろう、正しい知識を持とう、しっかり確認して慎重に判断しよう。そのようなことがよく言われています。もちろん、それは間違いではなく、素晴らしいことだと思います。

しかし、私には、消費者はだまされるものである、いや、一歩進んで、消費者にはだまされる権利がある、ということが、消費者法の出発点であり、また終着点であるように思えます。つまり、消費者が、いくら個人のレベルで、だまされないようにしよう、勉強しよう、慎重に考えようとがんばっても、どうやっても、事業者に勝つことはできない局面があると思うのです。そして、かつて消費者をだますことに大きなコストとリスクをかけてきた事業者も、今や、インターネットというツールを利用することにより、もっと容易に、そして安価に、また、デジタルプラットフォームという場を利用すれば、より安全にだますことが可能になっています。その状況を考えれば「だまされる方が悪い」とは言えないのではないでしょうか。本書では、オーディション商法、プラットフォームを通じた詐欺、投資など、いくつかの事例を紹介しながら、そのことを明らかにしようとしたのですが、これは、読者の皆様にうまく伝わったでしょうか。

そして、消費者被害が変わりゆく中、消費者法はどのようにあるべきなのでしょうか。今日の消費者法は、消費者が賢く／強くなりさえすれば、すべての消費者問題は解消されるのだ、という方向性でなく、消費者のもろさ／弱さを正面から認めたうえで、事業者がそれをいいことに不当なことをしてはならない、という方向で考えていくべきです。とくに、レスキュー商法のようなつけ込み型勧誘、つまり「契約をしないという判断をさせない」タイプの勧誘のように、消費者を明確にだますことなく不当な内容の契約を実現する方法はいくらでもあります。これを、市場に任せたままにしておくと、消費者のもろさ／弱さにつけこむ事業者のやり方がそのまま是認されることとなりますが、それは、まっとうなビジネ

スを行う事業者の活動を阻害することにもなってしまいます。それは、本当に望ましい社会でしょうか。

　他方で、消費者は、知識を向上させる必要はないのか、事業者にだまされる「弱者」のままでよいのかというと、もちろん、それも違います。最終的に、ある局面においてどうしても勝てないとしても、できるだけ知識と抵抗力を持ち、また、何かあったときに正しく救済を求めることができるというのは、生きていくうえで、とても重要なことです。このことと、「消費者はだまされる権利がある」ということとは、決して矛盾しない、ということが、本書で私が一番伝えたかったことです。

　そして、坂東さんが「はじめに」でおっしゃったとおり、消費者法や消費者問題について「語る」ことは、消費者法を生きた法にしていくために、必要であり、また楽しいことです。

　読者の皆さんも、ご家族やご友人、あるいは会社の同僚でもいいですが、どなたかと、本書で例に出したような消費者問題や消費者法について、語り合ってみませんか。それが、未来のあるべき消費者市民社会をつくっていく第一歩になることを願ってやみません。

　むすびに、本書執筆にあたり、鼎談という形でお話をさせていただいた坂東さん、高嶌さんは、民法・消費者法の研究者でありながら、同時に消費者団体の理事などの社会的活動もされ、消費者問題救済の最前線に立たれている大先輩ということで、このような貴重な機会をいただいたことに深謝申し上げます。理論的にも、また実務的にもご教示いただくことが非常に多く、私の知識・経験不足を補っていただきました。また、それでいて、お二人とも親しみやすい方であるため、ついつい、あちこち脱線して、ご多忙極まりないお二人の時間を無駄遣いしてしまったのではないか、とも反省している次第です。また、編集の齋藤拓哉さんには、旧知の間柄であるということもあり、つい甘えてしまい、いろいろとご迷惑をかけたかもしれません。お許しください。

2024年9月18日

弁護士　住田浩史

［巻末資料］

1　消費者トラブルについて相談したいときは……

◆国民生活センター「消費者ホットライン188」

　困ったときは、悩まずに、とにかく「188」に電話をしてみよう。最寄りの消費生活センターにつながり、専門的な知識のある消費生活相談員に助言を受けることができる（なお、通話料を除いて無料）。この３桁の番号さえ知ってもらえれば、本書の目的の半　分が達成されたともいえる。

◆国民生活センター「お昼の消費生活相談窓口」

　消費生活センターに電話が繋がらない昼間、土日祝日、あるいは電話が混雑しているときは、国民生活センターでいったん相談を引き受けることもある。

◆日本弁護士連合会「全国の弁護士会の法律相談センター」

　弁護士に相談をしたいときは、最寄りの弁護士会の法律相談センターに電話してみよ　う。多くの弁護士会で消費者問題についての相談窓口が設けられている。「インターネットで検索」はおすすめしない。「インターネットで検索して最初に出てきた」法律事務所や弁護士がよいとは一概にいえない（もちろん、よい弁護士もいるが）。これは、本書でも説明したとおりである。

2　製品事故・食品安全についての情報を収集したいときは……

◆消費者庁「事故情報データバンクシステム」

　消費者庁では、それまでの縦割り行政により散在していた事故情報の「一元化」をめざしており、具体的には、国民生活センター・消費生活センターや法テラスに寄せられた危険・危害情報や、各省庁が収集した製品事故、食品事故、スポーツ事故情報などを検索することができる。

◆消費者庁「食品安全総合情報サイト」

　生命・健康に直結する食品に関する事故情報や注意喚起情報に特化したサイトである。これも厚生労働省や農林水産省、内閣府食品安全委員会などの情報が集約されている。

◆消費者庁「リコール情報サイト」

　製造者や供給者は、製品や食料品などが市場に出た後に危険があることが判明したときには、注意喚起、修理、回収などを行わなければならない。このようなリコール情報を一元的に集約したサイトである。

◆国民生活センター「医療機関からの事故情報収集」

　本書でも紹介したが、日本では、たとえば、子どもが被害者となる事故について、親が責められることをおそれて公にしないなど、製品事故があってもその被害が申告されないという風潮がある。そのような中、医療機関から事故情報を収集するシステムは、一次情報として極めて有用であり、EUではIDB（欧州傷害データベース）、米国にはNEISS（全米傷害調査電子システム）など大規模なデータベースがあり、いずれも公開されている。日本の「医療機関ネットワーク事業」約30の病院と連携して情報を収集し、データベースとしての公開はされていないが、データをもとに注意喚起がなされている。

◆国民生活センター「消費生活相談データベース（PIO-NETより）」

　国民生活センターや全国の消費生活センターにどのような苦情や相談が寄せられているか、相談の概要や件数などが公開されている。なお、業者名、苦情相談の詳細、地域、相談者の年代等については、弁護士であれば所属弁護士会からの照会をすれば回答をしてもらえるので、弁護士にとっては、貴重な情報源である。

3　全国の消費者団体の活動について知りたいときは……

◆COCoLiS（消費者団体訴訟制度）ポータルサイト

　消費者団体や、消費者団体が起こすことができる特別な裁判については、消費者の被害の防止及び救済にとって極めて重要であるのにもかかわらず、実際に、消費者団体がどのような活動をしているのか、まだまだ知られていない、という印象がある。

　まずは、このCOCoLiS（団体訴訟制度のマスコットキャラクターの名前でもある）というポータルサイトから、いろいろと調べてみてはどうだろうか。

◆消費者機構関西（KC's）

　関西7府県の消費者団体、市民、消費生活相談員、法律関係者、学者によって構成される特定適格消費者団体。差止請求や被害回復のほか、啓発、提言など幅広い活動を行っている。著者（坂東俊矢）が常任理事を務めている。

◆京都消費者契約ネットワーク（KCCN）

　京都の適格消費者団体。消費者団体にもいろいろと個性があるが、このKCCNは、差止請求を積極的に行っている団体であるといえる。本書でも紹介したクロレラチラシ事件など、消費者法を大きく前進させるきっかけとなった事件も担っている。なお、このほかにもたくさんの消費者団体があるので、読者のみなさんもお住まいの地域にどのような団体があるか、どのような活動をしているか、ぜひ調べてみてほしい。

4 消費者に関する法律や制度についてもっと学びたいときは……

　消費者庁は、分野や基本的な法律ごとにポータルサイトを設けて、法律や制度を解説しているので、興味を持った方は、たとえば、以下のリンクを手がかりにして、法律や制度について調べてみてはどうだろうか。

　もちろん、このあたりになってくると少し専門的で難しいところもあるが、本書でも述べたとおり、消費者法は、それを用いる消費者が理解できない法律であってはならない。消費者庁には、消費者の目線に立って、法律や制度について、もっとわかりやすく解説する工夫を期待したい。

「取引」関連

 ◀消費者庁
「消費者契約法」

 ◀消費者契約法（条文）

 ◀消費者庁
「逐条解説（令和5年9月）」

 ◀消費者庁
「特定商取引法に関するガイド」

 ◀特定商取引法（条文）

 ◀消費者庁
「特定商取引法に関する法律の解説」
（令和5年6月1日時点版）

 ◀経済産業省
「電子商取引及び情報財取引等に
関する準則」（令和4年4月）

「表示」関連

 ◀消費者庁
「景品表示法」

 ◀景品表示法（条文）

 ◀消費者庁
「景品表示法関係ガイドライン等」

「安全」関連

 ← 消費者安全法（条文）

 ← 製造物責任法（条文）

 ← 食品表示法等（法令及び一元化情報）

 ← 食品表示法（条文）

著者略歴

住田浩史（すみだ・ひろし）

弁護士、京都大学法科大学院非常勤講師（消費者法）。1980年金沢市生まれ。2003年京都大学法学部卒、2004年に京都弁護士会に弁護士登録。現在、御池総合法律事務所パートナー。2020年より消費者問題についてわかりやすく解説するブログ「きょうの消費者ニュース」〈https://sumidahiroshi.jp/〉を開設。

髙嶌英弘（たかしま・ひでひろ）

京都産業大学法学部教授（民法、医事法、消費者法）。適格消費者団体「京都消費者契約ネットワーク」理事長。法学修士（同志社大学）。1989年3月神戸大学大学院法学研究科私法専攻博士課程後期課程単位取得退学。著作に、『18歳からはじめる民法［第5版］』（共著、法律文化社、2023年）、『基本講義消費者法［第5版］』（共著、日本評論社、2023年）など。

坂東俊矢（ばんどう・としや）

京都産業大学法学部・大学院法学研究科教授、弁護士。1957年徳島市生まれ。専門は、民法、消費者法。社会的活動として、NPO消費者ネット関西副理事長、消費者支援機構関西（通称「KC's」）常任理事、京都府消費生活審議会会長、日本消費者法学会理事。消費者法領域の主な業績として、『これからの消費者法［第2版］』（共著、法律文化社、2023年）、『判例から学ぶ消費者法［第2版］』（民事法研究会、2013年、共編）など。2023年度消費者支援功労者として内閣総理大臣表彰を受ける。

消費者は弱くてもろい、だからこそ強くなれる
守られる存在から、立ち上がる消費者になるためのヒント

2024年11月1日　第1版第1刷発行

著　者　住田浩史、髙嶌英弘、坂東俊矢
発行人　成澤壽信
編集人　齋藤拓哉
発行所　株式会社 現代人文社
　　　　160-0004 東京都新宿区四谷2-10八ッ橋ビル7階
　　　　Tel：03-5379-0307　Fax：03-5379-5388
　　　　E-mai：henshu@genjin.jp（編集）hanbai@genjin.jp（販売）
　　　　Web：www.genjin.jp
発売所　株式会社 大学図書
印刷所　株式会社 シナノ書籍印刷
ブックデザイン　渡邉雄哉（LIKE A DESIGN）

検印省略　Printed in Japan
ISBN　978-4-87798-871-5 C3032
©2024　Hiroshi Sumida, Hidehiro Takashima. Toshiya Bando
◎乱丁本・落丁本はお取り換えいたします。